KB206206

SILENCING
THE ENEMY
W I T H
P R A I S E

SILENCING THE ENEMY WITH PRAISE

by Robert Gay

Copyright © 2010 Robert Gay

All rights reserved

Distribute Parsons Publishing

Korean Translation Copyright © 2024 Bethel Books

찬양과
영적전쟁

로버트 게이 지음 | 한성진 옮김

SILENCING THE ENEMY WITH PRAISE

이 책을 특별히 제 아내 스테이시와 현재 주님을 섬기며 적극적으로 사역하는 세 자녀에게 바칩니다. 저는 그 누구보다 큰 축복을 받은 사람입니다. 제 가족에게 항상 감사합니다. 온 마음을 다해 여러분을 사랑합니다.

제가 태어날 때부터 주님의 길을 가르쳐 주신 부모님께 진심으로 감사드립니다. 부모님은 언제나 주님과 우리 가족에게 충실하셨습니다. 두 분이 뿌린 씨앗에서 하나님의 큰 축복이 나타날 것입니다.

50년 이상 하나님 나라를 위해 수고하신 저의 영적 부모 빌 해몬 감독님과 이블린 해몬께 특별한 감사의 말씀을 전합니다. 저를 향한 두 분의 격려와 지원은 매우 소중했습니다. 다른 사람들이 따를 수 있는 모범을 보여주셔서 감사합니다.

플로리다주 파나마시티의 하이 프레이즈 워십 센터 교회 가족들에게도 감사의 말을 전합니다. 여러분은 정말 멋진 사람들입니다. 여러분 모두는 우리 가족에게 큰 축복입니다.

마지막으로, 우리 모두에게 부어주신 주 예수님의 은혜와 사랑에 감사드립니다. 우리의 가장 큰 특권은 하나님의 가족이 되는 것입니다. 주님, 감사합니다.

이 책은 원래 1993년에 초판이 나왔습니다. 그리고 17년이 지난 지금, 확장판으로 다시 출간합니다. 우리는 이 책을 다시 내면서 내용의 많은 부분을 현대에 맞춰 수정하고 편집했으며, 전체 내용의 약 4분의 1 정도에 달하는 새로운 내용을 추가했습니다.

저자는 이 책을 통해 독자들이 찬양과 경배에 담긴 능력을 깨닫기를 소망합니다. 이 책은 영적 전쟁의 무기인 찬양의 다양한 정보와 계시를 제공하므로 예배팀은 이 책을 통해 지역 교회의 예배 사역을 한층 더 발전시킬 수 있는 통찰력을 얻을 수 있습니다. 이 책이 독자들의 삶을 반드시 크게 변화시키리라 믿습니다.

저는 35년 넘게 신앙생활을 해왔지만, 이 책처럼 찬양으로 원수를 잠잠케 하는 중요한 방법들을 분명하게 설명하는 책은 보지 못했습니다. 이 책을 모든 예배 인도자와 음악 사역자가 읽기를 바랍니다. 우리에겐 이런 책과 로버트 게이 목사님 같은 사역자가 더 필요합니다.

대럴 파슨스
파슨스 출판사 대표

CONTENTS 목차

| 일 러 두 기 |

- 원서는 성경을 인용할 때 킹제임스성경을 사용했으며, 이 책은 한글 성경 개역 개정판을 기준으로 필요에 따라 다양한 한글 역본을 사용 후 표기하였습니다.

- 원서는 북미 지역의 기독교 문화와 성령의 은사를 적극 인정하고 받아들이는 오순절 은사주의 기독교 전통을 따라 찬양을 통한 영적 전쟁을 설명합니다. 이런 배경에 익숙하지 않은 독자 중 일부는 책의 내용이 생소할 수 있습니다.

찬양과 경배의 발전
The Evolution of Praise and Worship

음악과 예배는 교회 역사 전반에 걸쳐 없으면 안 될 중요한 역할을 했습니다. 교회 음악과 예배를 자세히 연구해 보면 하나님이 예배의 여러 요소를 점진적으로 회복해 오셨음을 알 수 있습니다. 주님은 하늘에서 임하는 새로운 계시로 교회를 영광에서 영광으로 인도하셨습니다. 과거에 교회가 하나님의 말씀에 순종하고 변화했듯이 오늘날 우리도 주님의 말씀과 음성에 순종하고 변화해야 합니다.

하나님은 성령님이 교회에 새롭게 조명하기를 원하시는 계시를 선포하기 위해 한 사람을 선택하십니다. 그리고 이렇게 하나님이 선택한 사람을 통해 선포된 계시를 "하나님의 회복 운동"이라고 표현합니다. 동시에 하나님은 이 회복 운동의 핵심 진리를 담은 노래를 작곡할 시편 기자들과 찬양 사역자들을 일으키십니다. 하나님은 음악과 예배를 통해 하나님의 사역을 강화하십니다.

11

교회 역사를 깊이 연구해 보면 예배를 표현하는 방식에도 변화가 있었음을 알 수 있습니다. 회복 운동이 일어날 때마다 새로운 노래와 함께 예배 표현들도 더욱 생동감 있게 발전했으며 이전 세대에서 '금기'로 여겼던 악기들이 교회 안으로 들어왔습니다.

최근 몇 년간 교회에서 찬양과 경배의 관심이 폭발적으로 증가했습니다. 특히 지난 30년간 찬양과 경배를 주제로 음반과 책, 세미나, 지침서 등이 교회 역사상 그 어느 때보다 많이 제작 판매되었습니다. 이러한 현상은 성령님께서 온 세계에 역사하셔서 나타난 것입니다. 찬양과 경배의 강조는 우리를 더 높은 영광의 차원으로 이끌어 하나님과의 새로운 만남으로 인도할 것입니다.

하나님은 우리 세대를 위해 새 옷을 준비하셨습니다. 지금 하나님의 영이 우리에게 한 단계 더 높이 올라오라고 명령하십니다.

오늘날 새로운 소리가 울려 퍼지고 있습니다. 하나님은 교회를 일깨울 노래를 작곡할 사람들을 일으키십니다. 이 노래들은 우리에게 영적 전쟁의 진리를 알려주고 깨닫게 합니다. 하나님은 교회가 주님이 부르신 영적인 군대가 되도록 영적 전쟁의 노래를 부를 예언적 작곡가들을 일으키십니다.

예수님은 교회가 반석 위에 세워질 것이라고 말씀하셨습니다(마 16:18). 이어서 주님은 교회가 반석 위에 세워지면 지옥의 문, 지옥의 권세가 이기지 못할 것이라고 말씀하셨습니다. 찬양과 경배 사역은 반드시 계시와 지식의 반석 위에 세워져야 합니다.

성경은 하나님의 백성이 지식이 없어 망한다고 말합니다(호 4:6). 이 시대의 예배를 향한 하나님의 계시를 받지 않는다면 우리는 40년 간 광야를 헤매다 죽은 이스라엘 자손처럼 될 것입니다.

그러나 우리가 기쁨으로 성령님의 계시를 받아들이고 그 안에 참여한다면, 우리는 요단강을 건너 약속의 땅을 차지한 사람들처럼 될 것입니다. 광야를 방황하는 세대가 아니라 가나안을 정복하는 세대가 됩시다!

찬양은 영적 전쟁의 무기입니다. 하나님께서 교회에 찬양과 경배를 세우신 예언적 목적이 있으십니다. 이 책을 읽고 연구하면서 성령님이 이 책에 담긴 진리를 여러분의 마음에 심어 열매 맺게 하십시오. 그러면 여러분의 삶이 변화될 것입니다.

"하나님은 우리 세대를 위해 새 옷을 준비하셨습니다. 지금 하나님의 영이 우리에게 한 단계 더 높이 올라오라고 명령하십니다."

SILENCING
THE ENEMY
W I T H
PRAISE

1장

찬양을 위한 하나님의 예언적 목적

God's Prophetic Purpose for Praise

아모스는 성령의 감동으로 하나님이 다윗의 장막을 회복하실 때를 예언했습니다.

> [11] 그 날에 내가 다윗의 무너진 장막을 일으키고 그것들의 틈을 막으며 그 허물어진 것을 일으켜서 옛적과 같이 세우고 [12] 그들이 에돔의 남은 자와 내 이름으로 일컫는 만국을 기업으로 얻게 하리라 이 일을 행하시는 여호와의 말씀이니라 (아모스 9:11~12)

먼저 다윗의 장막이 무엇인지 알아봅시다. '다윗의 무너진 장막'은 일반적으로 다윗의 장막이라고 알려져 있습니다. 역대상 16장에 다윗의 장막의 기원이 나옵니다. 성경에서 다윗의 장막은 찬양의 장소였습니다. 다윗의 장막 안에는 언약궤가 있었고 그 앞에서 제사장들이 끊임없이 찬양과 경배와 감사를 드렸습니다.

다윗의 장막은 여호와 하나님을 영화롭게 하는 음악이 울려 퍼지는 기쁨의 장소였습니다.

> [1] 하나님의 궤를 메고 들어가서 다윗이 그것을 위하여 친 장막 가운데에 두고 번제와 화목제를 하나님께 드리니라 [4] 또 레위 사람을 세워 여호와의 궤 앞에서 섬기며 이스라엘 하나님 여호와를 칭송하고 감사하며 찬양하게 하였으니 [5] 아삽은 우두머리요 그 다음은 스가랴와 여이엘과 스미라못과 여히엘과 맛디디아와 엘리압과 브나야와 오벧에돔과 여이엘이라 비파와 수금을 타고 아삽은 제금을 힘있게 치고 [6] 제사장 브나야와 야하시엘은 항상 하나님의 언약궤 앞에서 나팔을 부니라 (역대상 16:1, 4~6)

우리는 다윗의 장막이 하나님을 끊임없이 찬양하고 예배하는 장소였음을 쉽게 알 수 있습니다. 다윗의 장막은 구약에서 최고의 예배 장소였으며 끊임없이 찬양이 울려 퍼지는 장소였습니다.

다윗의 장막이 사라지고 수백 년 후, 아모스 선지자는 하나님이 다윗의 장막을 회복하셔서 예전과 같이 세우실 날이 올 것이라고 기록했습니다. 하나님의 영이 아모스 선지자를 통해 말씀하시는 것을 바르게 이해하기 위해 먼저 이 말씀에 나오지 않는 내용을 살펴봅시다. 성령님의 말씀은 다윗의 장막이 물리적으로 회복된다는 의미가 아닙니다. 그러므로 우리가 하나님을 예배하려면 여객기를 타고 예루살렘에 가야만 한다는 의미가 아니기 때문에 장막을 세우고 다시 언약궤를 놓을 필요가 없습니다.

요한복음 4장에서 우물가의 여인이 예수님께 어디서 예배해야 하는지 질문했을 때, 예수님은 참된 예배는 지리적 위치가 아닌 마음의 태도와 하나님의 말씀을 향한 순종에 달려 있다고 분명히 말씀하셨습니다. 찬양과 경배를 특정 장소나 지역에서 드릴 수 있는 것으로 제한하면 안 됩니다. 또 찬양과 경배는 영과 진리를 따라 표현해야 합니다. 즉, 예배는 사람의 가장 깊은 내면에서 나와야 하며 하나님의 말씀을 따라 예배해야 합니다.

하나님은 아모스를 통해 다윗의 장막에서 드린 제사장적이고 영적인 예배 사역이 회복될 것이라고 계시하십니다. 나는 우리가 사는 지금이 바로 그때라고 믿습니다!

하나님은 목적이 있으시다

하나님이 하시는 모든 일에는 목적이 있습니다. 하나님은 이유 없이 아무 일도 하지 않으십니다. 우리가 하나님의 목적을 이해할 때 하나님의 계획에 참여할 수 있습니다. 성경은 하나님이 왜 예수님을 이 땅에 보내셨는지 알려줍니다.

하나님의 아들이 나타나신 것은 마귀의 일을 멸하려 하심이라 (요한일서 3:8)

마찬가지로 하나님은 다윗의 장막을 회복하시는 데에도 분명한 목적이 있으십니다.

부모가 자녀에게 무언가를 지시하면 아이들은 종종 "왜요?"라고 질문합니다. 그러면 부모는 흔히 "내가 그렇게 하라고 했으니까 어서 하렴"이라고 대답합니다. 이 말만으로도 아이들이 부모를 따라야 하는 충분한 이유가 됩니다. 하지만 때로는 아이들에게 자세한 이유를 알려주는 것이 좋습니다. 예를 들면 전기 콘센트를 만지지 말아야 하는 이유와 도로 한복판에서 놀지 말아야 하는 이유를 자세히 알려주는 것이 좋습니다. 그럴 때 자녀들은 "순종이 제사보다 낫다"라는 사실을 깨닫습니다(삼상 15:22).

사랑이 많으신 아버지 하나님은 인간이 목적을 갖고 싶어 한다는 사실을 아십니다. 하나님이 우리 안에 그 갈망을 심으셨기 때문입니다. 하나님은 우리에게 찬양과 경배와 다윗의 장막 회복의 이유를 알려 주기 원하십니다.

아모스는 하나님이 다윗의 장막을 회복하시고 다시 세우실 것이라고 선언한 후 회복의 목적을 드러냅니다. "만국을 기업으로 얻게 하리라"(암 9:12). 여기에서 우리는 찬양과 경배 사역의 회복을 위한 하나님의 예언적 목적이 "얻는 것POSSESSING", 다른 말로 되찾고 쟁취하는 것임을 발견합니다.

찬양의 예언적 의미를 제대로 이해하려면 먼저 '얻게 하리라'라는 단어를 바르게 정의해야 합니다. 이 단어는 히브리어 '야레쉬'로 "이전 거주자를 쫓아내고 점령하다, 내쫓다, 소멸하다, 파괴하다, 상속권을 빼앗다" 등을 의미합니다.

이 원어에 의하면 하나님이 다윗의 장막을 회복하시는 이유는 교회가 어둠을 몰아내고 마귀의 권세를 끊으며 우리가 원수에게 빼앗긴 땅을 되찾아 올 전쟁의 도구를 주시기 위해서입니다. 할렐루야! 예수님이 이 땅에 오신 이유와 찬양과 경배가 회복되는 이유는 같습니다 - 마귀의 일을 멸하기 위해!

얻는 것의 예

1992년, 미국은 걸프전 혹은 사막의 폭풍 작전으로 알려진 군사 분쟁에서 이라크와 교전 중이었습니다. 이 전쟁의 주된 이유는 이라크가 쿠웨이트를 불법적으로 침공했기 때문입니다.

유엔 안전보장이사회가 이라크의 행위가 불법이며 쿠웨이트에서 군대를 철수해야 한다고 결의안을 발표했음에도 이라크의 지도자 사담 후세인은 이를 무시했습니다. 이 상황은 한 가지를 의미했습니다. 쿠웨이트 국민이 자신들의 땅을 되찾으려면 이라크 군대를 몰아내야만 했습니다. 다시 말하면 적이 자발적으로 쿠웨이트에서 나가지 않을 것이기 때문에 전쟁이 불가피하다는 의미였습니다.

사막의 폭풍이라는 공격 작전이 이라크 군대를 물리적으로 쿠웨이트에서 몰아냈습니다. 이라크에 빼앗긴 쿠웨이트를 되찾으려면 공격적이고 물리적이며 적극적인 전쟁 행위가 필요했습니다. 미국은 단지 이스라엘과 사우디아라비아와 다른 주변 국가를 방어하기 위해 거기 있었던 것이 아니라 이전 거주자들을 쫓아내고 땅을 되찾기 위해 그곳에 있었습니다.

우리의 원수인 사탄은 사담 후세인보다 훨씬 더 무법적인 존재입니다. 마귀는 우리에게서 훔친 것을 절대 자발적으로 돌려주지 않습니다. 예수님은 "도둑이 오는 것은 도둑질하고 죽이고 멸망시키려는 것뿐이요"라고 말씀하셨습니다(요 10:10). 이스라엘이 가나안을 차지하려면 전쟁을 치러야 했습니다. 우리에게 약속된 것을 소유하려면 영적 전쟁에 뛰어들어야 합니다.

명심하십시오. 가나안은 우리에게 주어진 하나님의 약속과 축복의 예시입니다. 우리가 이 약속과 축복을 사수하려면 우리도 이스라엘처럼 땅을 완전히 소유하고 차지하기 위해 전쟁을 치러야 합니다.

사도 바울은 "우리의 싸우는 무기는 육신에 속한 것이 아니요 오직 어떤 견고한 진도 무너뜨리는 하나님의 능력이라"라고 기록했습니다(고후 10:4). 또 "우리의 씨름은 혈과 육을 상대하는 것이 아니요 통치자들과 권세들과 이 어둠의 세상 주관자들과 하늘에 있는 악의 영들을 상대함이라"라고도 기록했습니다(엡 6:12).

우리는 성경이 가르치는 사실을 깨달아야 합니다. 성경은 교회가 영적 전쟁에 참여하여 영적 무기로 싸워야 한다고 말합니다. 찬양은 하나님이 우리에게 주신 무기입니다. 찬양은 육신의 무기가 아닌 영적 전쟁의 무기입니다.

하나님은 오늘날 다윗의 장막과 찬양의 제사장적 사역을 회복 하십니다. 우리는 "얻게 하리라"라는 말씀대로 교회가 마귀를 쫓 아내고 정당한 유업을 얻기 위해 영적 전쟁에 참여해야 합니다.

"하나님은 아모스를 통해 다윗 의 장막에서 드린 제사장적이 고 영적인 예배 사역이 회복될 것이라고 계시하십니다. 나는 우리가 사는 지금이 바로 그때 라고 믿습니다!"

SILENCING
THE ENEMY
W I T H
P R A I S E

2장

어린아이와 젖먹이의 입으로

Out of the Mouth of Babes

주의 대적으로 말미암아 어린아이들과 젖먹이들의 입으로 권능을 세우심
이여 이는 원수들과 보복자들을 잠잠하게 하려 하심이니이다 (시편 8:2)

하나님이 하시는 모든 일에 이유와 목적이 있습니다. 지난 장
에서 우리는 하나님이 다윗의 장막을 회복하시려는 이유와 목적
을 알아보았습니다. 이 시대에 다윗의 장막이 회복되는 이유는
어둠의 세력을 몰아내고 하나님이 우리에게 주신 것을 되찾기 위
한 영적 전쟁의 무기를 갖추기 위해서입니다.

왜 하나님이 우리에게 찬양하라고 명령하시는지 궁금하지 않
으십니까? 하나님이 자아도취에 빠졌기 때문일까요? 아니면 불안
하시기 때문일까요? 하나님이 우리의 칭찬이 필요하신 걸까요?
모든 질문의 답은 단호하게 '아니오'입니다.

어떤 사람은 불안감 때문에 끊임없는 칭찬과 인정을 바라지만 우리 하나님은 불안하지 않으십니다. 하나님은 우리의 찬양이 필요하지 않으십니다. 성경은 하늘에 밤낮으로 쉬지 않고 하나님을 경배하는 수많은 피조물이 있다고 기록합니다(계 4:8). 그렇다면 왜 하나님은 우리에게 찬양하라고 명령하시는 걸까요? 시편 8:2에 그 답이 나옵니다. "주의 대적으로 말미암아".

어떤 사람들은 30분 동안 하나님을 예배하면 주님께 큰 호의를 베풀었다고 생각합니다. 사실 찬양과 경배는 우리가 주님께 호의를 베푸는 것이 아니라 우리 자신이 주님의 호의를 누리면서 동시에 마귀에게는 큰 피해를 주는 행위입니다. 하나님은 자신의 필요 때문에 찬양을 두지 않고 우리가 주님을 찬양해야 하므로 찬양을 두셨습니다.

에스겔은 루시퍼를 "기름 부음 받은 그룹THE ANOINTED CHERUB"이라고 언급합니다.

13 네가 옛적에 하나님의 동산 에덴에 있어서 각종 보석 곧 홍보석과 황보석과 금강석과 황옥과 홍마노와 창옥과 청보석과 남보석과 홍옥과 황금으로 단장하였음이여 네가 지음을 받던 날에 너를 위하여 소고와 비파가 준비되었도다 14 너는 기름 부음을 받고 지키는 그룹임이여 내가 너를 세우매 네가 하나님의 성산에 있어서 불타는 돌들 사이에 왕래하였도다 (에스겔 28:13~14)

하나님은 루시퍼에게 천국이 하나 되어 주님을 향해 찬양의 교향곡을 부르도록 인도하는 영광스러운 사역을 맡기셨습니다. 이 영광스러운 사역 덕분에 루시퍼는 하나님의 보좌, 하나님의 임재 앞에 영원히 살면서 하나님의 가장 아름다운 창조물로 알려질 특권을 얻었습니다. 그러나 내면에 숨은 죄악이 드러나자, 루시퍼는 모든 것을 잃었습니다.

> [12] 너 아침의 아들 계명성(Lucifer)이여 어찌 그리 하늘에서 떨어졌으며 너 열국을 엎은 자여 어찌 그리 땅에 찍혔는고 [13] 네가 네 마음에 이르기를 내가 하늘에 올라 하나님의 뭇 별 위에 내 자리를 높이리라 내가 북극 집회의 산 위에 앉으리라 [14] 가장 높은 구름에 올라가 지극히 높은 이와 같아지리라 하는도다 [15] 그러나 이제 네가 스올 곧 구덩이 맨 밑에 떨어짐을 당하리로다 (이사야 14:12~15)

루시퍼는 온 하늘이 지극히 높으신 하나님께 예배하도록 인도하는 소명을 받았습니다. 루시퍼는 몸에 악기가 내장된 '1인 밴드'였으며(겔 28:13) 하나님의 목적을 위해 창조된 걸작품이었습니다. 그러나 루시퍼는 교만 때문에 타락했습니다.

사탄은 교만한 마음 때문에 천국의 기름 부음을 잃고 하늘에서 떨어져 땅으로 쫓겨났습니다. 사탄은 하나님이 주신 소명과 기름 부음과 은사를 바르게 분별하지 못했습니다.

¹⁶ 네 무역이 많으므로 네 가운데에 강포가 가득하여 네가 범죄하였도다 너 지키는 그룹아 그러므로 내가 너를 더럽게 여겨 하나님의 산에서 쫓아냈고 불타는 돌들 사이에서 멸하였도다 ¹⁷ 네가 아름다우므로 마음이 교만하였으며 네가 영화로우므로 네 지혜를 더럽혔음이여 내가 너를 땅에 던져 왕들 앞에 두어 그들의 구경 거리가 되게 하였도다 ¹⁸ 네가 죄악이 많고 무역이 불의하므로 네 모든 성소를 더럽혔음이여 내가 네 가운데에서 불을 내어 너를 사르게 하고 너를 보고 있는 모든 자 앞에서 너를 땅 위에 재가 되게 하였도다 (에스겔 28:16~18)

좋은 소식이 있습니다. 마귀의 손해가 우리에게는 유익입니다! 하나님은 마귀에게 이렇게 말씀하셨을 것입니다.

"내가 너에게 영광스러운 사역을 맡겼지만 너는 나보다 자신에게 몰두했다. 내가 준 직분을 경멸했으니 나는 너의 기름 부음과 지위를 천국에서 박탈하고 땅으로 내쫓을 것이다. 또 나는 이 땅에 교회라 불리는 사람들에게 네가 저버린 찬양과 경배 사역을 넘겨줄 것이다. 교회가 찬양과 경배 사역을 할 때마다 너를 꼼짝 못 하게 너를 묶어 결박하고 깨뜨리며 궁극적으로 너의 세력을 완전히 파괴할 것이다!"

하나님은 원래 사탄이 맡았던 예배 사역을 그리스도의 몸 된 교회인 우리에게 주셔서 사탄의 계획을 파괴하는 영적 전쟁의 무기로 사용하게 하셨습니다.

시편 8:2에서 하나님은 우리 원수를 잠잠케 하기 위해 찬양을 만드셨다고 말합니다. "잠잠케 하다"라는 단어는 히브리어 '샤바트'로서 "실패하게 하다, 쉬게 하다, 부족하게 하다, 내려놓게 하다, 억압하다, 빼앗다"라는 뜻입니다. 우리가 주님을 찬양할 때 원수는 실패합니다. 우리가 하나님께 목소리를 높일 때 우리를 속박하려는 사탄의 힘이 사라집니다. 우리가 예배할 때 원수가 빼앗아 간 것을 되찾기 시작합니다.

이 사실을 이해하면 영적 전쟁은 더 이상 힘든 일이 아닙니다. 그래서 바울은 "믿음의 선한(좋은) 싸움을 싸우라"라고 말했습니다 (딤전 6:12). 원수가 공포에 떨며 도망치고 있다는 사실을 우리가 깨달을 때, 영적 전쟁은 힘든 일이 아니라 선한(좋은) 싸움이 됩니다.

하나님은 우리에게 마귀에 관한 새로운 사고 방식을 주기 원하십니다. 지금까지 우리는 마귀를 크고 나쁜 늑대로, 그리스도의 몸 된 교회를 꼬마 돼지 삼 형제로 생각했습니다. 그러므로 꼬마 돼지 삼 형제인 교회는 영적 전쟁을 늘 이렇게 이해했습니다.

크고 나쁜 늑대가 문을 두드리며 말합니다. "꼬마 돼지야, 꼬마 돼지야, 문 좀 열어줘!" 작은 그리스도인 돼지가 대답합니다. "절대 안 돼, 예수님의 이름으로 너를 대적하노라!" 크고 나쁜 늑대가 말합니다. "그러면 내가 후후 불어서 네 집을 날려 버릴 거야!" 작은 꼬마 돼지의 집은 잘못된 이해라는 나무와 풀과 짚으로 엉성하게 지었기 때문에 결국 날아가 버립니다. 거듭나고 성령 충만한 꼬마 돼지는 울면서 목사 돼지에게 달려가 자신을 위해 기도해 달라고 말합니다.

이것이 지금까지 마귀에 관한 교회의 사고 방식이었지만 이제 이야기를 다시 써야 할 때입니다. 나는 이 이야기를 현재 버전으로 바꿔보았습니다.

크고 나쁜 늑대가 문을 두드리며 꼬마 돼지에게 들어가게 해 달라고 요구합니다. 그러나 이제 꼬마 돼지는 크고 나쁜 늑대가 자기 집에 들어올 권리가 없음을 깨닫고 하나님을 향한 높은 찬양이라는 이중 총열 $^{DOUBLE\ BARRELED\ WEAPON}$ 전쟁 무기를 준비합니다. 꼬마 돼지는 무기를 손에 들고 현관으로 와서 크고 나쁜 늑대를 맞이합니다. 꼬마 돼지는 크고 나쁜 늑대에게 이중 총열 무기를 남김없이 모두 발사한 후에 이웃에게 이렇게 선포합니다. "이제 늑대 사냥 시즌을 시작한다!" 총에서 발사된 계시와 지식의 능력은 늑대를 물리치게 하고 집을 안전하게 보호합니다.

나는 교회의 사고 방식이 바뀌어야 함을 강조하기 위해 이 이야기를 사용했습니다. 이제 우리는 마귀를 우리의 위협으로 보는 대신, 우리가 마귀에게 위협과 두려움의 대상임을 깨달아야 합니다. 우리는 원수에게서 도망치지 않습니다. 오히려 우리가 원수를 내쫓습니다. 이제 원수의 공격을 방어하는 데 급급한 것이 아

나라 ·오히려 적극적으로 원수의 세력을 공격해야 합니다. 우리는 적진을 돌파하고 들어가 포로로 잡혀 있는 이들을 구출하는 하나님의 특수부대입니다. 우리는 영적 전쟁의 무기로 원수의 통신 시설을 파괴하고 원수의 전략을 무력화無力化해야 합니다.

영적 전쟁의 모든 과정에서 찬양과 경배가 중요한 이유는 하나님이 우리 찬양으로 원수를 잠잠케 하도록 만드셨기 때문입니다. 다시 한번, 시편 8:2에서 시편 기자는 어린아이와 젖먹이의 입에서 하나님이 만드신 찬양이 나온다고 선포합니다.

그러면 어린아이들만 이런 찬양을 할 수 있다는 의미일까요? 전혀 그렇지 않습니다. 예수님은 "이르시되 진실로 너희에게 이르노니 너희가 돌이켜 어린아이들과 같이 되지 아니하면 결단코 천국에 들어가지 못하리라"라고 말씀하셨습니다(마 18:3). 또 "예수께서 이르시되 어린아이들을 용납하고 내게 오는 것을 금하지 말라 천국이 이런 사람의 것이니라"라고 말씀하셨습니다(마 19:14). 예수님은 우리에게 어린아이처럼 되라고 권면하셨습니다. 마찬가지로 시편 기자는 시편 8편에서 우리도 어린아이들처럼 원수를 잠잠케 하는 찬양을 부를 수 있다고 말합니다.

주님을 향한 아이들의 찬양 표현은 거침이 없고 숨 쉬는 것처럼 자연스럽습니다. 나에게는 조슈아, 케일라, 미카라는 세 자녀가 있습니다. 우리 아이들은 아장아장 걷는 나이가 되자 음악이 나오면 아주 자연스럽게 몸을 흔들며 춤을 췄습니다.

하나님의 자녀인 우리도 찬양을 들으면 주님 앞에서 춤추고 찬양하는 것이 당연하고 자연스러워야 합니다. 하지만 안타깝게도 시간이 지나면서 우리 생각이 종교적으로 오염되어 춤추며 찬양하는 것을 부끄럽게 여기고 하나님께 영광 돌리는 것보다 자기 체면을 더 생각합니다.

종교의 영으로 더럽혀진 생각을 하나님의 말씀으로 씻어야 합니다(엡 5:26). 그럴 때 우리는 성경이 말하는 찬양과 경배를 깨닫고 영과 진리로 예배할 수 있습니다.

이제는 교회가 일어나 온 힘을 다해 주님을 찬양해야 합니다. 어린아이들처럼 거침없이 찬양해야 합니다. 그러면 우리의 전쟁 무기인 찬양이 어둠의 세력에게 역사하여 원수의 세력을 무너트리고 파멸시킬 것입니다.

"우리는 원수에게서 도망치지
않습니다. 오히려 우리가 원수
를 내쫓습니다. 이제 원수의 공
격을 방어하는 데 급급한 것이
아니라 오히려 적극적으로 원
수의 세력을 공격해야 합니다."

SILENCING THE ENEMY WITH PRAISE

3장

판결을 시행하다

Executing Judgments

> [6] 그들의 입에는 하나님에 대한 찬양이 있고 그들의 손에는 두 날 가진 칼이 있도다 [7] 이것으로 뭇 나라에 보수하며 민족들을 벌하며 [8] 그들의 왕들은 사슬로, 그들의 귀인은 철고랑으로 결박하고 [9] 기록한 판결대로 그들에게 시행할지로다 이런 영광은 그의 모든 성도에게 있도다 할렐루야 (시편 149:6~9)

이 독특한 성경 구절은 내가 가장 좋아하는 말씀입니다. 이 말씀에는 영적 전쟁에서 찬양의 역할이 분명하게 나타납니다. 우리는 높은 찬양HIGH PRAISE과 두 날 가진 검, 곧 말씀으로 원수들에게 하나님의 복수를 집행하고 형벌을 가하며 왕들을 결박하고 귀인들을 묶으며 판결을 시행하는 능력을 소유할 수 있습니다.

영적 전쟁에서 사람은 우리의 적이 아닙니다. 사도 바울은 우리의 적을 분명하게 알려줍니다.

우리의 씨름은 혈과 육을 상대하는 것이 아니요 통치자들과 권세들과 이 어
둠의 세상 주관자들과 하늘에 있는 악의 영들을 상대함이라 (에베소서 6:12)

항상 적이 누구인지 분명히 알아야 합니다. 우리의 적은 사람
이 아니라 그 뒤에서 역사하는 마귀입니다. 이 사실을 온전히 깨달
아야 하나님이 마귀의 일을 멸하기 위해 우리에게 주신 사명에 온
전히 집중할 수 있습니다. 더 나아가 바울은 이렇게 말했습니다.

우리의 싸우는 무기는 육신에 속한 것이 아니요 오직 어떤 견고한 진도 무
너뜨리는 하나님의 능력이라 모든 이론을 무너뜨리며 (고린도후서 10:4)

육신의 무기로 영적인 적과 싸울 수 없습니다. 영적인 적과 싸
우려면 영적인 전쟁 무기를 사용해야 합니다. 찬양은 어둠의 세
력을 결박하고 깨트리는 영적 전쟁의 무기입니다.

앞서 말한 것처럼 하나님은 우리 찬양을 통해 원수에게 복수
하십니다. "원수 갚는 것이 내게 있으니"라고 말씀하신 대로 하나
님은 복수를 실행하십니다(롬 12:19). 모든 일에 공정하게 대가를
치르게 하시는 하나님이 마땅히 심판받아야 할 존재를 공의로 심
판하십니다. 이 복수의 주요 대상은 마귀입니다.

다음으로 시편 149:8에서 찬양이 "그들의 왕들은 사슬로, 그들
의 귀인은 철고랑으로 결박"한다는 사실을 알 수 있습니다. 먼저 시
편 기자가 말하는 왕[KINGS]과 귀인[NOBLES]이 누구인지 이해해야 합니다.

나는 시편 149편의 왕과 귀인이 에베소서의 어둠의 세상 주관자들과 통치자들이라고 믿습니다. 이들은 지리적 위치와 사람들의 삶을 지배하고 통치하는 악한 세력입니다. 성경은 우리 찬양이 어둠의 세력을 사슬과 철고랑으로 결박한다고 말씀합니다. 우리가 주님을 찬양할 때 원수들이 시도하는 모든 계략이 중단됩니다.

시편 149:9이 마지막으로 말하는 우리 찬양의 능력은 "기록한 판결을 시행하는 것"입니다. 이게 무슨 의미일까요? 이 말씀의 의미를 이해하기 위해 법정 장면을 상상해 봅시다.

미국 법정에는 판사, 배심원, 피고, 원고, 법정 경찰관, 증인, 피고와 원고를 대변하는 변호사 등 많은 참여자가 있습니다. 각 사람은 모두가 재판 결과에 중요한 역할을 합니다.

변호사가 판사와 배심원단 앞에서 사건을 자세하게 설명한 후 배심원단이 따로 함께 모여 증거가 적합한지 심의합니다. 배심원단은 피고의 유죄 또는 무죄를 결정하고 법정으로 돌아와서 큰 소리로 읽습니다. 배심원단의 판결을 받은 범죄자는 이제 판사 앞에서 최종 선고를 받습니다.

어떤 사람이 무장 강도 혐의로 재판을 받는다고 가정합시다. 배심원단은 증언을 듣고 증거를 본 후 피고에게 유죄를 결정합니다. 범죄자는 선고를 받기 위해 판사 앞에 섭니다. 판사는 "교도소에서 20년을 복역하도록 선고합니다"라고 판결합니다. 이렇게 재판이 끝나면 좋겠지만, 그렇지 않습니다.

법정 경찰관이 유죄 판결을 받은 범죄자에게 쇠고랑을 채우고 호송차에 태워 교도소로 데려가 수감하고 형기를 시작합니다. 법정 경찰관의 일련의 행위가 바로 기록된 판결을 집행하는 좋은 예입니다. 판결문이나 선고만으로는 집행이 이루어질 수 없습니다. 누군가가 그 판결을 집행해야 합니다.

만약 법정에 경찰관이 없으면 어떻게 될까요? 유죄 판결을 받은 범죄자가 호텔에 체크인하듯 자발적으로 교도소에 들어갈까요? 범죄자가 자발적으로 차를 운전하고 교도소 정문에 도착해서 "앞으로 20년간 독방을 예약했습니다"라고 말하는 모습을 상상할 수 있습니까? 법정 경찰관이 없으면 유죄 판결을 받은 범죄자는 당장 법정 밖으로 도망쳐 다시는 찾을 수 없을 것입니다.

영적으로 말하면, 마귀에게 판결이 선고되었습니다. 하나님의 말씀은 사탄과 그의 행위가 우리 발아래 있다고 선언합니다(롬 16:20). 또 사탄의 모든 권세가 파괴되었다고 선언합니다. 하지만 이것은 위의 내용처럼 단지 판결을 선고했을 뿐입니다. 이 판결과 선고는 반드시 집행해야 효력을 발휘합니다.

교회인 우리가 하나님 나라의 집행관, 법정 경찰관입니다. 법정 경찰관이 범죄자를 수갑으로 결박하듯이 우리는 찬양을 통해 원수 마귀를 결박합니다. 찬양은 마귀를 감옥에 가두어 버립니다. 하나님을 향한 찬양은 원수에게 선포한 판결을 집행하는 거룩한 권능이 있습니다.

하나님은 유죄 판결을 받은 범죄자 마귀를 체포하도록 영장을 발부하셨습니다. 이제 우리는 어떻게 해야 합니까? 교회는 일어나서 찬양을 부르며 지옥의 세력에게 심판을 집행해야 합니다.

시편 149편의 마지막 말씀은 "이런 영광은 그의 모든 성도에게 있도다"라고 말합니다(9절). 시편 기자가 말하는 영광은 무엇일까요? 바로 공중 권세 잡은 세력에게 하나님의 심판과 복수를 시행하는 영광입니다. 전쟁 찬양은 하나님이 우리에게 주신 영광입니다. 전쟁 찬양은 힘든 일이 아니라 기쁜 마음으로 주님의 승리를 축하하며 노래하는 것입니다.

나는 한때 왜 하나님께서 반역한 마귀를 즉시 지옥에 던지지 않으셨는지 궁금했습니다. 이유는 단순했습니다. 마귀의 형벌은 즉시 지옥에 떨어지는 것이 아니라 이 땅에서 주님이 다시 오실 때까지 교회를 통해 찬양으로 징계를 받는 것입니다. 이제 교회는 원수를 결박하는 영광을 얻었습니다. 우리는 하나님의 심판을 집행하고 사탄의 세력을 멸하는 영광을 누려야 합니다. 이 사실을 깨달으면 우리 앞길을 가로막는 마귀를 다른 관점으로 볼 수 있습니다.

이전에는 마귀가 우리 앞을 가로막으면 실망하고 의기소침했지만, 이제는 원수와 맞닥뜨렸을 때 그리스도 안에서 우리가 어떤 존재인지 당당하게 선포하며 우리가 소유한 승리를 마귀에게 확실하게 보여줄 특권과 영광을 얻었습니다. 이제 우리를 통해 싸우시는 강한 용사이신 예수님의 승리를 인정하고 주님 앞에서 춤을 추며 손을 높이 들고 목소리를 높여 찬양합시다!

SILENCING
THE ENEMY
W I T H
PRAISE

보습을 쳐서 칼을 만들라

Beat Your Plowshares into Swords

⁹ 너희는 모든 민족에게 이렇게 널리 선포할지어다 너희는 전쟁을 준비하고 용사를 격려하고 병사로 다 가까이 나아와서 올라오게 할지어다 ¹⁰ 너희는 보습을 쳐서 칼을 만들지어다 낫을 쳐서 창을 만들지어다 약한 자도 이르기를 나는 강하다 할지어다 (요엘 3:9~10)

요엘 선지자는 이 구절에서 마지막 때 주님의 군대의 모습을 아주 생생하게 묘사합니다. 하나님은 우리에게 전쟁을 준비하고 용사들을 깨우라고 명령하시면서 그 방법도 알려주십니다: "너희는 보습을 쳐서 칼을 만들지어다." 이 구절에는 그리스도의 몸 된 교회가 놓치지 말고 들어야 할 중요한 계시가 있습니다. 호세아 선지자는 이렇게 선포합니다. "유다는 밭을 갈 것이며"(호 10:11). 유다라는 이름은 "찬양"을 의미합니다. 따라서 이 말은 "찬양이 밭을 간다"라는 의미입니다.

교회에서 한 번쯤은 이런 말을 들어보셨을 것입니다. "다 같이 주님을 찬양하면서 마음에 하나님의 말씀을 받을 준비를 합시다." 나는 이런 말이 예배를 덜 중요하게 여기는 것 같아서 조금 화가 났던 적이 있습니다. 하지만, 이 말은 사실 매우 성경적입니다. 주님을 찬양할 때 우리 마음은 썩지 않는 씨앗인 하나님의 말씀을 받기 위해 마음 밭을 갈며 준비합니다. 농부라면 누구나 씨를 뿌리기 전에 쟁기질로 땅을 갈아야 한다는 것을 압니다. 썩지 않는 하나님의 말씀이라는 씨앗을 심기 전에 먼저 그 씨앗을 심을 땅, 즉 우리 마음을 갈아야 합니다.

찬양과 경배는 마음 밭을 가는 쟁기의 역할을 합니다. 바로 이것이 먼저 찬양과 경배를 한 후에 말씀을 가르치고 설교하는 이유입니다. 씨앗은 쟁기질한 땅에 심을 때 더 많은 열매를 맺을 수 있습니다. 다시 말하지만, 유다(찬양)가 밭을 갈아야 합니다.

자, 이제 요엘 선지자가 우리 쟁기, 보습을 어떻게 하라고 말하는지 주목하십시오: "너희는 보습을 쳐서 칼을 만들지어다." 이는 곧 "너희 찬양을 전쟁의 무기로 만들라"라는 뜻입니다. 어떻게 하면 쟁기라는 농기구를, 전쟁을 위한 무기로 만들 수 있을까요? 계시적 지식이 찬양의 쟁기(보습)를 쳐서 전쟁의 무기로 만드는 망치입니다.

하나님 나라의 영적 체험에는 한 가지 원칙이 있습니다. 무언가를 믿음으로 받으려면 계시가 필요하다는 것입니다. 말씀을 들어야 믿음으로 구원을 얻는 데 필요한 계시를 받습니다. 말씀을 들어야 성령 충만을 위한 계시를 받습니다. 마찬가지로 영적 전쟁에서 찬양을 무기로 사용하려면 먼저 하나님이 우리 찬양을 영적 전쟁의 무기로 만드셨다는 계시를 받아야 합니다.

그냥 찬양하는 것과 찬양에 담긴 능력의 계시를 받아 찬양하는 것에는 큰 차이가 있습니다. 찬양의 능력에 관한 계시가 없는 찬양은 영적인 영역에서 거의 효과가 없습니다.

예를 들어보겠습니다. 거리에서 술에 취한 사람을 교회로 데려와서 반복해서 설명하고 따라 하게 하면 죄인의 기도를 할 수 있습니다. 그러나 예수님의 주되심과 하나님이 예수님을 죽은 자 가운데서 살리셨다는 사실을 계시로 받지 못하면 그 사람은 죄인의 기도를 하기 전과 마찬가지로 구원받지 못한 상태로 돌아갈 것입니다. 왜 그럴까요? 그는 계시와 깨달음이 없이 단순히 말만 따라 했기 때문입니다.

안타깝게도 많은 교회가 이런 상태입니다. 우리는 교회에 와서 주님을 찬양하지만, 하나님이 우리 찬양에 주신 능력의 계시와 이해가 없으므로 결과적으로 아무 일도 일어나지 않습니다.

여기 해결책이 있습니다. 성경이 말하는 찬양과 경배의 의미를 배우고 찬양을 영적 전쟁의 무기로 적용하는 계시를 받아야 합니다. 그러면 우리가 함께 모여 주님을 찬양하고 경배할 때 영적인 영역에 영향을 미치는 하나님의 능력이 나타날 것입니다.

내가 만국을 모아 데리고 여호사밧 골짜기에 내려가서 내 백성 곧 내 기업

인 이스라엘을 위하여 거기에서 그들을 심문하리니 이는 그들이 이스라엘

을 나라들 가운데에 흩어 버리고 나의 땅을 나누었음이며 (요엘 3:2)

이 구절은 주님의 자녀인 우리에게 큰 의미가 있습니다. 다음 장에서 자세히 다루겠지만, 역대하 20장은 여호사밧 골짜기에서 하나님을 찬양할 때 원수들이 패배했다고 기록합니다. 여호사밧 왕은 극복할 수 없는 역경에 앞에서 군대의 선두에 노래하는 사람들과 악기 연주자들을 임명하여 세우고 나가 주님을 찬양하게 했습니다. 그들이 주님을 찬양하자 하나님이 원수의 진영에 혼란을 일으키셨고 원수는 일어나 서로를 멸망시켰습니다. 그래서 여호사밧 골짜기는 찬양이 올라가는 곳이라고 말할 수 있습니다.

이 이해는 성경을 볼 때 새로운 빛을 비춰줍니다. 하나님이 어디에서 원수를 심판하십니까? 여호사밧 골짜기, 즉 찬양이 올라가는 곳입니다. 하나님의 심판이 어디에서 집행됩니까? 여호사밧 골짜기, 즉 찬양이 올라가는 곳입니다. 여호사밧의 시대와 마찬가지로 찬양이 올라갈 때 원수 마귀에게 하나님의 심판이 집행됩니다.

하나님의 말씀은 구약에 기록된 모든 것이 우리를 위한 본보기라고 선포합니다. 여호사밧 이야기는 하나님의 영이 우리 아이들에게 또 다른 좋은 성경 이야기를 들려주기 위해 기록하신 것이 아닙니다. 오히려 우리가 "게으르지 아니하고 믿음과 오래 참음으로 말미암아 약속들을 기업으로 받는 자들을 본받는 자"(히

6:12)가 되게 하려고 기록하신 것입니다. 여호사밧 이야기는 우리 찬양이 영적인 영역에 어떤 효과가 있는지 육신의 눈으로 볼 수 있도록 기록한 것입니다. 요엘서 3장의 또 다른 구절도 같은 내용을 반복합니다.

> 민족들은 일어나서 여호사밧 골짜기로 올라올지어다 내가 거기에 앉아서 사면의 민족들을 다 심판하리로다 (요엘 3:12)

나는 지금 성령님이 이 시대의 교회를 성령 안에서 급진적이고 전투적인 용사로 부르신다고 믿습니다. "글쎄요, 아시다시피 저는 그런 성격이 아닙니다"라는 변명은 하지 마십시오. 용사가 되는 것은 성격과 아무 상관이 없으며 우리가 속한 가족과 관련이 있습니다. 만일 우리가 하나님 안에서 거듭났다면 하나님의 씨앗이 우리 안에 있으며 하나님이 용사이시기 때문에 우리도 용사입니다. 할렐루야! 우리는 주님의 군대에 징집되었습니다. 무단이탈하지 마십시오. 하나님이 우리를 승리의 전투로 이끄실 때 싸움에 동참하십시오.

> 너희는 보습을 쳐서 칼을 만들지어다 낫을 쳐서 창을 만들지어다 약한 자도 이르기를 나는 강하다 할지어다 (요엘 3:10)

우리는 이 구절이 담긴 여러 찬양을 압니다. "약한 자도 이르기를 나는 강하다 할지어다." 성경에서 이 구절이 등장하는 맥락은 매우 흥미롭습니다. 여기서 말하는 약한 자들은 전쟁을 준비하는 사람들을 가리킵니다. 이는 싸움에 나서기에 자신이 너무 약하다고 느끼는 사람들에게 스스로를 강하다고 선언함으로써 용기를 북돋우라는 말씀입니다. 이 구절은 단순히 감미로운 노래 가사가 아니라 용사들을 위해 쓰여진 성경 말씀입니다.

"강하다"로 번역한 히브리어는 '기보르'로서 "용사" 또는 "폭군"을 의미합니다. 실제로 이 구절은 "약한 자가 '나는 용사다'라고 말하게 하라"라는 의미입니다. 하나님의 영은 그리스도의 몸 된 교회가 "우리는 용사다"라고 선포하라고 예언적으로 말씀하십니다.

나는 "폭군"이라는 단어가 마음에 듭니다. 폭군은 신하에게서 모든 권리를 빼앗습니다. 우리는 원수 마귀를 향해 성령 안에서 폭군이 되어야 합니다! 마귀에게 조금의 여지도 주지 말고 마귀가 우리에게서 훔쳐 간 모든 권리를 빼앗아야 합니다. 이제 우리는 성령 안에서 주어진 권리를 취해야 할 때입니다.

어떤 사람들은 이 책의 제목과 내용을 보고 나를 과격한 사람이라고 생각할지도 모르겠습니다. 하지만 내 타고난 성격은 절대 과격하지 않으며 싸움꾼과는 완전히 거리가 멉니다. 나는 학창 시절에 거의 싸우지 않았습니다. 싸우더라도 상대방이 나를 때리면 바닥에 쓰러졌고, 바로 싸움이 끝났습니다. 하지만 우리가 마귀와 싸울 때는 고분고분하면 안 되고 격렬해야 합니다. 예수님은 이렇게 말씀하셨습니다.

천국은 침노를 당하나니 침노하는 자는 빼앗느니라 (마태복음 11:12)

나는 하나님의 영이 교회가 강함과 성숙함으로 일어나기를 간절히 외치신다고 믿습니다. 지금은 뒤돌아보지 말고 전쟁의 무기를 들고 전쟁터로 달려가야 할 때입니다. 우리는 기드온의 군대와 같아야 합니다. 성경은 기드온의 군대가 "피곤하지만 추격했다"라고 말합니다(삿 8:4). 여러분이 지치기 시작할 때, 하나님의 말씀에 귀 기울여 힘을 얻으십시오. "약한 자도 이르기를 나는 강하다 할지어다."

스스로 일어나 원수를 대적하여 칼을 휘두르십시오. 주님께 여러분의 목소리를 높여 찬양이 전쟁의 무기가 되게 하십시오!

> "하나님은 우리 세대를 위해 새 옷을 준비하셨습니다. 지금 하나님의 영이 우리에게 한 단계 더 높이 올라오라고 명령하십니다."

SILENCING
THE ENEMY
W I T H
P R A I S E

5장

전쟁에 능한 용사

Mighty Man of War

³ 여호와는 용사시니 여호와는 그의 이름이시로다 ⁴ 그가 바로의 병거와 그의 군대를 바다에 던지시니 최고의 지휘관들이 홍해에 잠겼고 (출애굽기 15:3~4)

또 내가 하늘이 열린 것을 보니 보라 백마와 그것을 탄 자가 있으니 그 이름은 충신과 진실이라 그가 공의로 심판하며 싸우더라 (요한계시록 19:11)

성경은 하나님의 성품 중 한 부분이 용사임을 보여줍니다. 구약과 신약 모두 이를 증언합니다. 그리스도의 몸 된 지체로서 교회가 영적 전쟁에 성공적으로 참전하려면 용사이신 하나님의 성품을 알고 닮아야 합니다. 바울은 에베소 교인들에게 "하나님을 본받는 사람이 되십시오"라고 말했습니다(엡 5:1, 새번역). 하나님을 본받으려면 하나님의 성품 일부가 아니라 전체를 알아야 합니다.

하나님은 사랑과 평화와 기쁨의 하나님이실 뿐만 아니라 용사이기도 하십니다. 바울은 "그러므로 하나님의 인자하심과 준엄하심을 보라"고 말했습니다(롬 11:22). 바울은 하나님의 말씀 일부분이 아닌 전부를 살펴볼 때 하나님의 성품 전체를 이해할 수 있다고 말합니다.

우리가 하나님 성품의 한 측면만 강조하면 하나님의 참된 모습이 아닌 왜곡된 모습을 얻게 됩니다. 감사하게도 우리는 지난 수십 년간 교회 안에 하나님의 선하심과 사랑을 많이 배웠습니다. 하지만 하나님의 다른 성품은 거의 배우지 못했습니다. 그 성품은 바로 용사이신 하나님의 성품입니다.

용사이신 하나님의 성품을 가르치는 것이 왜 중요할까요?

첫째, 우리가 하나님의 성품을 깨달은 만큼 하나님을 누릴 수 있기 때문입니다. 예수님을 구세주로 계시받지 못한 사람은 자신의 구세주로 영접하지 못합니다. 예수님을 치유자, 여호와 라파로 계시받지 못한 사람은 치유 받지 못합니다. 마찬가지로 예수님을 용사이자 만군의 여호와로 계시받지 못하면 성공적인 영적 전쟁을 치를 수 없습니다. 하나님은 주님을 향한 우리 믿음과 지식에 따라 역사하십니다.

용사이신 하나님의 성품을 가르쳐야 하는 두 번째 이유는 하나님이 어떤 분위기에서 자신을 용사로 나타내시는지 알기 위해서입니다. 바로 이 지점에서 찬양과 경배가 중요한 역할을 합니다.

앞으로 살펴볼 성경 구절을 통해 우리는 예수님이 찬양과 경배에서 전쟁에 능하신 용사로 일어나심을 알게 될 것입니다. 찬양은 하나님의 마음을 움직입니다. 우리가 찬양할 때 하나님이 우리 원수를 향해 불붙는 마음으로 일어나서서 복수하십니다.

[10] 항해하는 자들과 바다 가운데의 만물과 섬들과 거기에 사는 사람들아 여호와께 새 노래로 노래하며 땅 끝에서부터 찬송하라 [11] 광야와 거기에 있는 성읍들과 게달 사람이 사는 마을들은 소리를 높이라 셀라의 주민들은 노래하며 산 꼭대기에서 즐거이 부르라 [12] 여호와께 영광을 돌리며 섬들 중에서 그의 찬송을 전할지어다 (이사야 42:10~12)

이 구절은 사람들에게 주님을 찬양하라고 권면합니다. 이사야는 하나님의 영으로 사람들에게 목소리를 높여 기쁨으로 새 노래를 부르고, 하나님께 영광을 돌리며 주님을 찬양하라고 권면합니다. 이제 다음 구절은 권면대로 사람들이 주님을 찬양할 때 어떤 일이 일어나는지 보여줍니다.

여호와께서 용사 같이 나가시며 전사 같이 분발하여 외쳐 크게 부르시며 그 대적을 크게 치시리로다 (이사야 42:13)

우리가 주님을 찬양할 때 어떤 일이 일어납니까? 주님이 우리 원수들을 향해 대적하여 진격하십니다. 우리가 주님께 기쁨의 함성으로 목소리 높일 때 주님의 열정이 불타오릅니다.

우리가 마음과 영혼과 힘을 다해(영혼육으로) 하나님께 영광을 돌리며 전쟁의 함성을 외칠 때 주님이 우리 원수를 이기십니다.

원래 히브리어 원문에는 문장 부호가 없었습니다. 현재 성경의 모든 문장 부호는 번역자들이 추가한 것입니다. 저는 몇 개의 문장 부호를 자유롭게 바꿔보겠습니다. 이렇게 하면 이 구절을 다른 시각으로 볼 수 있을 것입니다.

"여호와께서 용사처럼, 전사처럼 행진하신다. 함성이 여호와의 열정을 불러일으킨다! 주님은 전쟁의 함성을 높이 외치며 원수들을 물리치신다."

여기에서 하나님의 열정이 찬양의 함성으로 불타오른다는 계시가 드러납니다. 이 구절을 이렇게도 읽을 수 있습니다. "여호와께서 용사처럼, 전사처럼 진격하신다. 주님의 열정이 찬양의 함성으로 불타오르신다." 이것이 성경에서 말하는 원리임을 증명하기 위해 본질적으로 같은 내용을 담은 다른 성경 구절을 소개합니다.

[1]너희 만민들아 손바닥을 치고 즐거운 소리로 하나님께 외칠지어다 [5] 하나님께서 즐거운 함성 중에 올라가심이여 여호와께서 나팔 소리 중에 올라가시도다 (시편 47:1,5)

여호와께서 예정하신 몽둥이를 앗수르 위에 더하실 때마다 소고를 치며 수금을 탈 것이며 그는 전쟁 때에 팔을 들어 그들을 치시리라 (이사야 30:32)

이 구절들은 우리 찬양과 영적 전쟁의 연관성을 강조합니다. 우리가 기뻐하며 함성 외칠 때 하나님이 우리 중에 일어나서서 원수들을 흩으십니다.

하나님이 일어나시니 원수들은 흩어지며 주를 미워하는 자들은 주 앞에서 도망하리이다 (시편 68:1)

하나님이 일어나시면 원수들은 항상 흩어질 수밖에 없습니다. 마귀는 전능하신 하나님과 주님의 교회에 상대가 되지 않습니다. 성공적인 영적 전쟁의 핵심은 하나님이 일어나시는 것입니다.

우리가 어떻게 해야 하나님이 일어나십니까?

시편 47:5는 하나님이 즐거운 함성중에 일어나신다고 말합니다. 이사야 42:13은 우리 함성으로 하나님의 열정이 불타오르며 주님이 전쟁의 함성을 외치시며 주님과 우리의 원수들을 이기신다고 선포합니다.

이사야 30:32는 여호와께서 "소고(탬버린)를 치며 수금을 타는 음악"에 맞춰 전쟁의 팔로 싸우신다고 말합니다. 그래서 시편 기자는 이렇게 말한 것입니다. "그의 오른손과 거룩한 팔로 자기를 위하여 구원을 베푸셨음이로다"(시 98:1).

시편 기자는 하나님이 전쟁에 능하신 용사라는 계시를 받았습니다. 시편 기자는 우리가 믿음으로 하나님을 찬양하며 함성 외칠 때 주님이 우리를 대신하여 싸우신다는 사실을 알았습니다.

시편 기자 다윗은 하나님의 마음에 합한 사람이었습니다(삼상 13:14). 예전에 나는 그 이유가 다윗이 하나님을 사랑했기 때문이라고 생각했습니다. 하지만 다윗의 삶을 더 자세히 연구한 결과 이제는 다윗이 하나님의 마음에 합한 사람으로 불린 이유가 단지 사랑 때문만은 아니라고 생각합니다. 그러면 무슨 이유 때문일까요? 다윗은 이스라엘 왕국에서 명성이 자자했습니다. 사울이 신하에게 자기를 위해 수금을 잘 연주하는 사람을 찾아오라고 했을 때, 신하는 다윗을 이렇게 평가했습니다.

> 그는 수금을 잘 탈 뿐만 아니라, 용사이며, 용감한 군인이며, 말도 잘하고, 외모도 좋은 사람인 데다가, 주님께서 그와 함께 계십니다 (사무엘상 16:18, 새번역)

수금을 잘 타고 말을 잘하고 잘생겼다고 해서 하나님의 마음에 합한 사람이 되는 것은 아닙니다. 우리가 다윗의 평가에 주목해야 할 부분은 다윗이 용감한 용사였으며 주님이 함께하시는 사람이었다는 점입니다. 이스라엘에서 골리앗과 맞서 싸울 용기 있는 사람이 없었을 때, 하나님의 마음에 합한 용사 다윗은 다른 사람과 달랐습니다. 이스라엘에서 양 한 마리를 위해 목숨을 걸고 사자와 곰과 싸울 사람이 없었을 때, 하나님의 마음에 합한 용사 다윗은 달랐습니다. 사울이 다윗에게 블레셋 사람들의 포피 백 개를 가져오면 자기 딸과 결혼시켜 주겠다고 했을 때(삼상 18:25),

다윗은 요구 사항의 두 배나 되는 블레셋 사람들을 죽였습니다. 용사 다윗이 하나님의 마음에 합한 사람이었습니다.

맞습니다. 다윗은 예배자이며 하나님을 사랑한 동시에 전쟁의 용사였습니다. 다윗은 자기가 믿는 하나님이 어떤 분인지 알았고 그분을 닮기 위해 온 힘을 다했습니다.

다윗보다 더 위대한 용사가 계십니다. 바로 예수님입니다. 예수님은 죄와 질병과 인간의 종교적 전통과 위선 그리고 다른 많은 것과 싸우셨습니다. 마태복음 21장에서 우리는 용사이신 하나님의 성품이 가장 잘 드러나는 장면을 봅니다. 예수님이 나귀를 타고 예루살렘에 입성하는 장면입니다.

> [5] 시온 딸에게 이르기를 네 왕이 네게 임하나니 그는 겸손하여 나귀, 곧 멍에 메는 짐승의 새끼를 탔도다 하라 하였느니라 [8] 무리의 대다수는 그들의 겉옷을 길에 펴고 다른 이들은 나뭇가지를 베어 길에 펴고 [9] 앞에서 가고 뒤에서 따르는 무리가 소리 높여 이르되 호산나 다윗의 자손이여 찬송하리로다 주의 이름으로 오시는 이여 가장 높은 곳에서 호산나 하더라 [10] 예수께서 예루살렘에 들어가시니 온 성이 소동하여 이르되 이는 누구냐 하거늘 [11] 무리가 이르되 갈릴리 나사렛에서 나온 선지자 예수라 하니라 (마태복음 21:5, 8~11)

무슨 일이 일어났는지 살펴봅시다. 온유하고 겸손하신 예수님이 나귀를 타고 예루살렘으로 들어가셨습니다. 성전으로 가는 길에 큰 무리가 예수님을 기리며 야외에서 찬양 축제를 벌이기 시작했습니다. 많은 사람이 자기 겉옷을 벗어 예수님이 지나가실 길에 깔았습니다. 다른 이들은 나뭇가지를 잘라 길에 깔았습니다. 모인 사람 모두가 큰 소리로 찬양해서 "온 성이 진동할" 정도였습니다.

[12] 예수께서 성전에 들어가사 성전 안에서 매매하는 모든 사람들을 내쫓으시며 돈 바꾸는 사람들의 상과 비둘기 파는 사람들의 의자를 둘러 엎으시고 [13] 그들에게 이르시되 기록된 바 내 집은 기도하는 집이라 일컬음을 받으리라 하였거늘 너희는 강도의 소굴을 만드는도다 하시니라 (마태복음 21:12~13)

[14] 맹인과 저는 자들이 성전에서 예수께 나아오매 고쳐주시니 [15] 대제사장들과 서기관들이 예수께서 하시는 이상한 일과 또 성전에서 소리 질러 호산나 다윗의 자손이여 하는 어린이들을 보고 노하여 [16] 예수께 말하되 그들이 하는 말을 듣느냐 예수께서 이르시되 그렇다 어린 아기와 젖먹이들의 입에서 나오는 찬미를 온전하게 하셨나이다 함을 너희가 읽어 본 일이 없느냐 하시고 (마태복음 21:14~16)

왜 예수님은 성전에 들어가서 갑자기 환전상들을 쫓아내셨을까요? 나는 그 이유가 단순히 환전상들 때문이라고 생각하지 않습니다. 왜냐하면 예수님은 이미 어렸을 때 성전에서 환전상들을 보신 적이 있었기 때문입니다. 비둘기 파는 일도 수년간 계속 있었고 그동안 예수님은 아무런 조치도 취하지 않으셨습니다.

그러면 예수님이 의롭게 일어나 환전상과 동물 파는 사람들에게 격렬하게 분노한 이유는 무엇일까요? 그것은 바로 사람들에게서 나온 찬양의 함성 때문이었습니다. 기억하십니까? 예수님이 나귀를 타고 예루살렘에 입성하실 때, 처음에는 온유하고 겸손하셨습니다. 그러나 성전을 향해 가는 길에 마을을 지나가실 때 변화가 일어납니다.

수많은 무리가 주님을 향해 찬양의 함성을 높이 올리자, 이사야 42:13에서 선포한 대로 예수님의 열정이 불타올랐습니다. 주님의 지상 사역에서 이때보다 더 뜨겁게 공개적인 찬양과 경배가 있었던 적은 없었습니다. 예루살렘이 진동할 만큼 뜨거운 찬양의 함성을 들으시면서 주님은 "용사같이 진격하실" 준비를 하셨습니다.

찬양의 함성에 감동하신 예수님이 성전에 도착하시자 노끈으로 채찍(징벌의 막대기)을 만드시고 환전상들을 쫓아내기 시작했습니다. 그런 다음 비둘기 장수들의 상을 뒤엎기 시작하셨습니다.

이 책의 1장에서 우리는 하나님이 다윗의 장막을 회복하시려는 목적을 보았습니다. 하나님의 목적은 소유(쟁취)하는 것입니다. 우리는 "소유하다"라는 단어가 이전 거주자들을 쫓아낸다는 의미임을 배웠습니다.

> 예수께서 성전에 들어가사 성전 안에서 매매하는 모든 사람들을 내쫓으시며 (마태복음 21:12)

찬양의 축제를 통해 예수님은 이전 거주자들(환전상들)을 쫓아내시고 "내 집은 기도하는 집이라 일컬음을 받으리라"라고 선포하셨습니다. 이 말씀의 핵심은 "이것은 내 집이니, 너희가 가질 수 없다!"입니다. 예수님은 하나님의 집을 정당하게 소유하셨습니다.

마태복음 21:15,16에 흥미로운 사건이 나옵니다. 당시 종교 지도자인 대제사장들과 율법 교사들은 아이들이 주님을 향해 찬양을 외치는 소리를 듣고 크게 분노했습니다. 열정적인 찬양과 예배는 항상 종교의 영을 불편하게 합니다. 교만한 악령들은 함성을 외치고 춤추는 모습이 "품위" 없어 보이기 때문에 싫어합니다.

오늘날 그리스도의 몸 된 교회 지도자들은 예수님 시대의 종교 지도자들처럼 반응하면 안 됩니다. 대제사장과 율법 교사들은 예수님이 행하신 기적이나 성전에서 큰 소동을 일으킨 것 때문에 화를 낸 것이 아니라 사람들이 예수님을 열정적으로 찬양했기 때문에 화를 냈습니다! 그들은 예수님께 사람들을 멈춰달라고 요구했지만, 예수님은 오히려 "만일 이 사람들이 침묵하면 돌들이 소리 지르리라"라고 말씀하셨습니다(눅 19:40).

예수님은 길에 겉옷을 펴고 나뭇가지를 던진 사람들을 "육신적"이라고 비난하지 않으셨습니다. 성경 어디에도 겉옷을 벗어 길에 던지거나 나뭇가지를 잘라 길에 던지며 찬양하라는 말씀은 없습니다. 그런데도 사람들은 그렇게 실천했고 예수님은 그것을 꾸짖지 않았습니다. 사실, 성경 어디에도 예수님이 하나님을 찬양하고 경배하는 사람들을 꾸짖었다는 내용은 찾을 수 없습니다. 오히려 예수님을 찬양하는 사람들을 격려하고 변호하셨습니다.

우리는 여기에서 교훈을 얻습니다. 성경에 어긋나지 않는 한, 하나님께 영광을 돌리기 위해 할 수 있는 일이라면 무엇이든 하십시오! 레이저 라이트 쇼로 하나님께 영광을 돌릴 수 있다면 그렇게 하십시오! 춤으로 하나님께 영광을 돌릴 수 있다면 그렇게 하십시오! 하나님은 우리가 창의적으로 예배를 표현하는 것을 반대하지 않으십니다. 오직 종교 지도자들만이 열정적인 예배를 방해하고 비난한 유일한 사람들이었습니다.

이 율법 교사들은 아이들이 예수님을 찬양하는 소리를 듣고 예수님께 질문했습니다. "이 어린이들이 말하는 것이 들립니까?"(마 21:16a, 쉬운성경) 예수님은 이렇게 대답하셨습니다. "그렇다. 너희는 성경에서 읽지 못하였느냐?"

한 가지 강조하고 싶습니다. 성경이 말하는 예배가 어떤 모습인지 알고 싶다면 직접 성경을 읽어보십시오. 큰 유익을 얻을 것입니다. 예수님은 계속해서 이렇게 말씀하십니다. '어린이와 젖먹이들의 입으로 찬양을 준비하셨다.'(마 21:16b, 쉬운성경) 예수님은 찬양에 관한 많은 성경 구절 중에서 시편 8:2를 선택하셨습니다.

주의 대적으로 말미암아 어린 아이들과 젖먹이들의 입으로 권능을 세우심
이여 이는 원수들과 보복자들을 잠잠하게 하려 하심이니이다 (시편 8:2)

이 구절이 어떻게 끝나는지 주목하십시오: "이는 원수들과 보복자들을 잠잠하게 하려 하심이니이다." 예수님은 아이들의 행동을 변호하실 뿐만 아니라 성전에서 방금 일어난 모든 일을 설명하셨습니다.

"이것이 내가 성전에 들어와서 환전상들을 쫓아낸 이유다. 이것이 내가 비둘기 장수들의 상을 뒤엎은 이유다. 하나님께서 아이들에게 이렇게 찬양하도록 명령하신 이유는 내가 내 원수들(환전상들)을 대적하여 일어나 그들을 잠잠케 하기 위해서다."

할렐루야! 이런 말을 들어보셨을 겁니다. "예수님이 과거에도 치유하셨다면 오늘도 치유하십니다. 예수님이 과거에 악한 영을 쫓아내셨다면 오늘도 악한 영을 쫓아내십니다." 이 말은 사실입니다. 나는 이렇게 제안합니다.

예수님이 과거에도 찬양과 경배 중에 전쟁의 용사로 일어나셨다면 오늘도 전쟁의 용사로 일어나십니다. 하나님은 어제나 오늘이나 영원토록 동일하십니다. 우리 하나님은 강한 용사이십니다!

"찬양은 하나님의 마음을 움직
입니다. 우리가 찬양할 때 하
나님이 우리 원수를 향해 불붙
는 마음으로 일어나서서 복수
하십니다."

SILENCING
THE ENEMY
W I T H
PRAISE

6장

유다의 사자의 포효

The Roar of the Lion of Judah

그런데 장로들 가운데서 하나가 나에게 "울지 마십시오. 유다 지파에서 난

사자, 곧 다윗의 뿌리가 승리하였으니, 그가 이 일곱 봉인을 떼고, 이 두루

마리를 펼 수 있습니다" 하고 말하였습니다. (요한계시록 5:5, 새번역)

이 말씀에는 예수님이 유다 지파의 사자라는 점이 확실하게 드러납니다. 우리는 예수님이 유다 지파 출신이신 것을 압니다. 실제로 사자는 유다 지파의 상징이었으며 그들의 기^旗에 그 모습이 수놓아져 있었습니다. 오늘날에도 사자는 여전히 예루살렘의 상징으로 국기와 문장^{紋章}에 모두 그려져 있습니다.

이 구절에서 흥미로운 점은 성령님이 예수님을 지칭할 때 사자라는 용어를 사용하셨다는 사실입니다. 주님의 영은 "예수님이 승리하셨다" 또는 "하나님의 어린 양이 승리하셨다"라고 말씀

하실 수도 있었지만, 그렇게 말씀하지 않고 이렇게 말씀하셨습니다. "유다 지파의 사자가… 승리하였다." 성령님이 성경에 사자라는 단어가 기록되기를 원하셨다면 분명히 우리에게 전달하려는 의미가 있습니다.

보통 사자는 정글의 왕으로 불립니다. 자연에서 사자는 고귀하고 위엄 있는 왕 같은 존재로 여겨집니다. 역사적으로도 사자는 여러 민족과 문화에 따라 다양한 의미를 지니고 있습니다. C.S 루이스는 자신의 유명한 저서인 나니아 연대기의 첫 번째 책 '사자, 마녀, 그리고 옷장'에서 아슬란이라는 사자 캐릭터를 통해 메시아를 비유적으로 묘사했습니다.

그러므로 우리에게 주어진 질문은 이것입니다. 성령님은 우리에게 주님의 어떤 성품을 보여주시기 위해 예수님을 유다 지파의 사자라고 부르셨을까요? 단순히 예수님이 찬양과 영광을 받기 합당하신 존귀하신 왕인 것을 보여주고 싶으셨을까요? 그런 의미도 있겠지만 이보다 훨씬 더 많은 의미가 있습니다. 성경은 의미 없이 사자라는 단어를 사용하지 않았습니다.

우리는 유다^{JUDAH}라는 이름의 뜻이 찬양인 것을 압니다. 그래서 성경이 "유다의 사자"라고 할 때, 이를 "찬양의 사자"라고도 읽을 수 있습니다. 맞습니다. 예수님은 찬양의 사자이십니다. 주님은 찬양 중에 자신을 사자로 나타내십니다. 우리가 찬양하고 경배할 때 예수님은 자신을 유다의 사자로 계시하십니다.

사자 하면 가장 먼저 사자의 포효[ROAR]가 떠오릅니다. 사자가 포효는 여러 가지 기능이 있습니다. 포효의 가장 중요한 기능은 사냥감을 마비시키는 것입니다. 포효는 사냥감의 마음에 공포와 두려움을 불러일으켜 움직일 수 없게 합니다. 포효는 사냥감에 정글의 왕이 주는 공황과 경계심을 불러일으키는 소리입니다. 사자는 사냥감을 발견하고 달려들기 전에 먼저 포효하여 자신의 존재를 알립니다. 이것을 기억하고 아모스 3:4을 살펴봅시다.

사자가 움킨 것이 없는데 어찌 수풀에서 부르짖겠으며 젊은 사자가 잡은 것이 없는데 어찌 굴에서 소리를 내겠느냐 (아모스 3:4)

우리가 찬양하고 경배하는 중에 유다의 사자가 포효하기 시작합니다. 그때 우리 원수 사탄은 영적인 공황에 빠져 마비 상태가 됩니다. 이것은 영적인 실재입니다! 사자가 포효로 "너는 내 먹이다"라고 선포하면 원수는 자신이 발각되었음을 깨닫습니다. 우리 찬양 중에 터져 나오는 유다의 사자의 영적인 포효는 원수를 공황 상태에 빠트려서 움직일 수 없게 만듭니다. 그렇게 유다의 사자가 승리하고 원수는 패배합니다. 할렐루야!

우리는 신자로서 우리와 사탄 사이에 어떤 휴전도 없음을 깨달아야 합니다. 모든 그리스도인을 미워하는 사탄은 영혼의 원수입니다. 우리가 처한 이 영적 전쟁에서는 죽이거나 죽임을 당하거나 둘 중 하나뿐입니다. 영적 전쟁에 비무장 지대는 없습니다.

하지만 여기 좋은 소식이 있습니다. 예수님은 유다의 사자이십니다. 예수님은 온 땅의 통치자(정글의 왕)이십니다. 우리가 찬양할 때 주님이 포효하시며 원수는 삼켜질 것입니다.

때때로 사람들은 마귀의 으르렁거림을 과장하고 주님의 포효는 축소해서 생각합니다. 우리는 마귀가 사기꾼임을 기억해야 합니다. 마귀가 우는 사자처럼 두루 돌아다니는 이유는 단순합니다 (벧전 5:8). 진짜를 비슷하게 따라 하는 것밖에 할 수 없기 때문입니다. 마귀는 결코 창시자가 아니며 앞으로도 그럴 수 없습니다. 마귀는 단지 진실하고 순수한 것을 왜곡하는 사기꾼일 뿐입니다.

그러므로 마귀의 가짜 으르렁거림보다 유다의 사자의 포효에 더 집중합시다. 주님의 포효는 지옥의 거짓말을 불태워 버립니다. 주님의 말씀은 악마가 낼 수 있는 그 어떤 소리보다도 강력하고 압도적입니다. 예수님은 전능하시며 온 땅과 하늘 위에 주님과 같은 분은 없습니다. 할렐루야!

우리는 주님의 포효가 원수의 으르렁거림보다 더 크다는 것을 알아야 합니다. 사도 요한은 "너희 안에 계신 이가 세상에 있는 자보다 크심이라"라고 말했습니다(요일 4:4). 우리 안에 계신 유다의 사자의 포효가 원수의 으르렁거림보다 큽니다. 주님의 자녀들이 찬양할 때 터져 나오는 주님의 포효가 원수의 세력을 멸합니다.

하나님은 우리가 주님의 포효에 반응하도록 창조하셨습니다. 주님의 포효는 이 땅에 말씀하시는 주님의 음성이기 때문입니다.

우리는 그리스도 예수 안에서 새로운 피조물로서 주님의 포효를 듣고 반응하도록 지음받았습니다. 그러나 오늘날 많은 신자가 주님의 포효에 믿음으로 반응하기보다는 원수의 으르렁거림에 두려움으로 반응합니다. 다시 말하지만, 이것은 하나님의 창조를 왜곡하는 것입니다. 현실은 어떤 포효이든 들으면 반응할 수밖에 없으므로 어떤 포효를 들을 것인가가 중요합니다. 우리는 믿음을 갖고 승리가 보장된 유다의 사자의 포효를 듣기로 결정해야 합니다.

성경은 자녀들을 위해 싸우시는 하나님의 모습을 사자의 포효로 비유했습니다.

> 여호와께서 이같이 내게 이르시되 큰 사자나 젊은 사자가 자기의 먹이를 움키고 으르렁거릴 때에 그것을 치려고 여러 목자를 불러 왔다 할지라도 그것이 그들의 소리로 말미암아 놀라지 아니할 것이요 그들의 떠듦으로 말미암아 굴복하지 아니할 것이라 이와 같이 나 여호와가 강림하여 시온 산과 그 언덕에서 싸울 것이라 (이사야 31:4)

우리는 교회에서 예수님의 현재 사역에 대해 많이 배웠습니다. 그중 하나가 예수님이 보좌 우편에서 우리를 위해 중보하신다는 가르침입니다. 그러나 예수님이 우리를 위해 싸우시며 전쟁하신다는 가르침은 거의 듣지 못했습니다. 우리는 위의 성경 구절에서 유다의 사자가 포효하시며 자녀들을 위해 싸우시는 모습을 봅니다. 사자의 포효는 싸움을 시작했다는 표시입니다.

유다의 사자가 포효하실 때, 영적인 영역에서는 전쟁이 일어납니다. 주님이 포효하시면 원수가 패배하고 도망칩니다. 다시 말하지만, 주님은 우리가 찬양하고 경배할 때 포효하십니다.

성경에 또 다른 원리가 나옵니다. 사자의 포효는 하나님의 말씀과 예언 사역에 대한 비유입니다.

> [7] 주 여호와께서는 자기의 비밀을 그 종 선지자들에게 보이지 아니하시고는 결코 행하심이 없으시리라 [8] 사자가 부르짖은즉 누가 두려워하지 아니하겠느냐 주 여호와께서 말씀하신즉 누가 예언하지 아니하겠느냐 (아모스 3:7~8)

8절에 나오는 사자의 포효와 하나님의 말씀을 주목해 보십시오. 우리가 찬양할 때 일어나는 또 다른 일은 바로 예언 사역입니다. 하나님이 자녀들을 감동하게 하시고 주님의 음성을 들려주십니다. 뒤에서 이 주제를 더 자세히 설명하겠지만, 주님의 음성이 원수를 무너뜨립니다. 유다의 사자의 포효가 원수를 산산조각 냅니다. 주님의 음성은 신자에게 덕을 세우는 동시에 원수를 파괴합니다. 주님의 음성이 우리를 격려하고 세우시는 동안 원수는 무너지고 파괴됩니다. 유다의 사자의 포효는 우리 삶에 이러한 일들을 일으킵니다.

하나님의 포효는 신자에게는 승리와 정복을 선포하는 소리이며 양식이지만 원수에게는 듣기 싫은 소리이자 독입니다.

사자는 자신의 패배를 알리기 위해 포효하지 않습니다. 사자는 사냥감의 죽음을 알리기 위해 포효합니다. 하나님의 포효는 원수의 패배를 알리고 하나님의 승리를 선포합니다. 하나님은 포효를 통해 들을 귀 있는 모든 이에게 자신이 유일한 왕이며 주인이심을 선포하시고 주님 앞에 모든 원수가 짓밟혔음을 알리십니다. 우리가 찬양할 때 하나님이 포효하십니다.

찬양 중에 풀어지는 예언 사역에 관한 다른 성경 구절을 살펴봅시다.

> [15] 이제 내게로 거문고 탈 자를 불러오소서 하니라 거문고 타는 자가 거문고를 탈 때에 여호와의 손이 엘리사 위에 있더니 [16] 그가 이르되 여호와의 말씀이 이 골짜기에 개천을 많이 파라 하셨나이다 [17] 여호와께서 이르시기를 너희가 바람도 보지 못하고 비도 보지 못하되 이 골짜기에 물이 가득하여 너희와 너희 가축과 짐승이 마시리라 하셨나이다 [18] 이것은 여호와께서 보시기에 작은 일이라 여호와께서 모압 사람도 당신의 손에 넘기시리니 (열왕기하 3:15~18)

엘리사가 하나님의 음성을 듣기 위해 음악가를 불러 연주하도록 요청하고 예배를 시작했다는 이야기가 매우 흥미롭습니다. 우리는 이 구절에서 음악이 거룩한 축제와 경배를 표현하기 위해 설계되었다는 점을 다시 한번 볼 수 있습니다. 이 시간은 저속한 말과 술이 난무하는 콘서트가 아니라 예배하는 시간이었습니다.

음악가가 예배를 시작하자 하나님이 말씀하기 시작하셨습니다. 즉, 예배자가 하나님을 찬양하고 경배하자 유다의 사자가 포효했다는 의미입니다. 예배를 시작하자 승리와 영광의 주님 음성이 들렸습니다. 우리는 18절에 하나님이 모압의 패배를 선포하시는 모습을 봅니다. 성령님께서 선지자를 통해 하나님의 승리와 원수의 패배를 선포하십니다. 이것이 오늘날 우리가 하나님을 찬양할 때 일어나는 일입니다.

우리가 찬양할 때 유다의 사자가 일어나 포효하십니다. 하나님이 포효하실 때 원수는 패배하고 그리스도 예수 안에 있는 우리는 승리합니다. 하나님의 포효 소리가 들릴 때, 원수는 겁에 질리고 공포에 빠집니다! 이것이 모압 사람들에게 일어난 일이며, 우리 원수들에게 일어날 입니다!

주님의 포효에 관한 또 다른 성경 구절을 살펴봅시다.

그들은 사자처럼 소리를 내시는 여호와를 따를 것이라 여호와께서 소리를 내시면 자손들이 서쪽에서부터 떨며 오되 (호세아 11:10)

이 구절에서 우리는 유다의 사자의 포효가 주님의 아들딸들을 향해 돌아오라고 외치는 소리인 것을 알 수 있습니다. 주님의 포효는 탕자들에게 집으로 돌아오라고 외치는 소리입니다. 유다의 사자의 포효는 잃어버린 마음들을 하나님께로 돌아오게 하는 영의 소리입니다.

2010년 초에 나는 교회에 1월 4일부터 14일간 매일 모여 기도하자고 제안했습니다. 교인들이 중보기도에 동참하도록 아침마다 교회 문을 열었습니다. 또한 목요일 저녁과 주일 저녁 예배 전에 특별 기도회로 모였습니다. 기도를 시작한 지 14일째인 1월 17일, 우리 교회에 하나님께서 새로운 영적인 돌파를 허락하셨습니다.

나는 그날 저녁 예배 중에 영적인 영역에서 포효하는 소리를 들었습니다. 당시에는 이 소리가 우리 교회에 얼마나 큰 영향을 미칠지 몰랐지만, 지금은 하나님의 포효 소리가 탕자들을 하나님 나라로 돌아오게 하는 하나님의 새로운 움직임을 알리는 소리였다는 것을 압니다. 나는 그 예배에서만 포효를 들은 것이 아니라 다른 두 번의 예배에서도 뚜렷한 영적인 포효를 들었습니다.

그 예배 이후 6주 동안 구원받은 사람과 주님께 돌아온 영혼의 수가 전년도에 구원받은 사람의 전체 수보다 더 많았습니다. 주님을 떠났던 많은 사람이 집에서 성령님이 주시는 확신을 체험하고 자신의 삶을 주님께 다시 헌신했습니다.

우리 교회를 섬기는 신자들의 자녀 중에서도 수년간 방황하며 살던 이들이 정신을 차리고 주님께 돌아왔습니다. 또 의학적으로 고칠 수 없는 병이 낫기도 하는 등 하나님의 초자연적인 능력이 기적적으로 나타났습니다. 암과 불치의 성병이 치유되었고 깨어진 관계가 회복되어 가정이 다시 합쳐졌습니다. 하나님이 우리 교회에 놀라운 일을 하셨습니다.

이 모든 일에서 흥미로운 점은 이런 놀라운 일이 일어나기 전과 일어날 때 하나님의 포효가 있었다는 사실입니다. 호세아 11:10을 기억하십시오. 유다의 사자의 포효는 세상의 혼란한 소리를 뚫고 죄인의 마음에 확신을 줍니다. 하나님의 포효가 원수의 결박을 끊고 하나님의 초자연적 능력이 역사하게 합니다.

오늘날 교회에 유다의 사자의 포효가 회복되어야 합니다. 주님의 포효가 자유와 해방을 가져옵니다. 수년 전에 나는 「유다의 사자여 포효하소서Roar, O Lion of Judah」라는 제목의 노래를 썼습니다. 이번 장을 이 노래의 가사로 마무리하겠습니다.

포효하소서, 오 유다의 사자여, 포효하소서

일어나소서, 오 전쟁에 능한 용사여

포효하소서, 오 유다의 사자여, 포효하소서

일어나소서, 오 전쟁에 능한 용사여

주의 백성 중에 일어나사

전쟁의 소리를 내소서

주님의 원수가 패배했음을 선포하소서

주님 앞에 설 자 없으며

주님의 이름의 능력 앞에 설 자 없으니

주님의 나라가 영원히 통치하리라

"우리가 찬양할 때 유다의 사
자가 일어나 포효하십니다. 하
나님이 포효하실 때 원수는 패
배하고 그리스도 예수 안에 있
는 우리는 승리합니다."

SILENCING
THE ENEMY
W I T H
PRAISE

7장

만군의 여호와의 임재 안에서

In the Presence of the Lord of Hosts

이스라엘의 찬송 중에 계시는 주여 주는 거룩하시니이다 (시편 22:3)

² 여호와는 나의 힘이요 노래시며 나의 구원이시로다 그는 나의 하나님
이시니 내가 그를 찬송할 것이요 내 아버지의 하나님이시니 내가 그를 높
이리로다 ³ 여호와는 용사시니 여호와는 그의 이름이시로다 (출애굽기
15:2~3)

¹ 내가 전심으로 여호와께 감사하오며 주의 모든 기이한 일들을 전하리이
다 ² 내가 주를 기뻐하고 즐거워하며 지존하신 주의 이름을 찬송하리니 ³
내 원수들이 물러갈 때에 주 앞에서 넘어져 망함이니이다 (시편 9:1~3)

그리스도인이라면 대부분 한 번쯤은 하나님이 자녀들의 찬양
중에 거하신다는 말을 들어봤을 것입니다. 예배를 시작하기 전에

목사님은 종종 회중에게 이렇게 권면합니다. "오늘 아침 함께 모여 하나님을 찬양하며 주님의 임재를 구합시다. 성경은 하나님이 그 백성의 찬송 중에 거하신다고 선포합니다. 우리가 목소리 높여 주님을 노래할 때, 주님이 우리 찬양 중에 거하십니다."

하지만 우리는 사고 방식이 종교적으로 굳어 있거나 지식이 부족하여 우리 찬양 안에 거하시는 하나님의 본성과 사역을 온전히 이해하지 못합니다.

대부분의 그리스도인이 하나님을 사랑과 자비가 많으신 구세주로만 압니다. 우리에게 사랑과 자비의 성품을 계시하신 하나님께 감사드립니다. 하나님의 사랑과 은혜가 없었다면 우리는 모두 소망을 잃고 방황했을 것입니다. 하지만 하나님의 놀라운 성품은 사랑과 은혜 그 이상입니다.

이전 장에서 우리는 하나님이 전쟁의 용사이심을 배웠습니다. 하나님은 용사이십니다. 또한 성경은 하나님을 만군의 여호와라고 부릅니다. "만군"이라는 단어는 히브리어 '차바'로 "전쟁을 위해 조직된 대규모 군대"라는 의미입니다. 그래서 성경에서 주님을 만군의 여호와라고 부를 때, 이것은 군대의 주님 또는 전쟁을 위해 조직된 사람들의 주님이라는 의미입니다. 실제로 성경은 하나님을 244회 이상 만군의 여호와라고 부릅니다. 이 표현은 성경에서 하나님의 성품을 묘사하는 이름[DESCRIPTIVE NAME]이나 하나님의 구원 사역에 관한 이름[REDEMPTIVE NAME]보다 나 더 많이 나옵니다.

신약성경에는 하나님을 만군의 주님^{LORD OF SABAOTH}으로 언급한 부분이 두 번 나옵니다(롬 9:29; 약 5:4). 만군을 의미하는 "사바오스"는 "군대"를 의미하는 히브리어 '차바'의 헬라어 음역으로 '큰 군대'라는 뜻입니다. 스트롱 성구 사전은 이 단어를 "하나님의 군사적 칭호"라고 정의합니다. 하나님은 우리가 주님을 싸우고 전쟁하는 사람들의 주님으로 알기를 원하십니다.

하나님은 이스라엘 자손이 홍해를 건넌 후 그들을 뒤따라오던 이집트 군대를 멸망시키시고 강력한 능력을 보여주셨습니다.

²⁶ 여호와께서 모세에게 이르시되 네 손을 바다 위로 내밀어 물이 애굽 사람들과 그들의 병거들과 마병들 위에 다시 흐르게 하라 하시니 ²⁷ 모세가 곧 손을 바다 위로 내밀매 새벽이 되어 바다의 힘이 회복된지라 애굽 사람들이 물을 거슬러 도망하나 여호와께서 애굽 사람들을 바다 가운데 엎으시니 ²⁸ 물이 다시 흘러 병거들과 기병들을 덮되 그들의 뒤를 따라 바다에 들어간 바로의 군대를 다 덮으니 하나도 남지 아니하였더라 ³⁰ 그 날에 여호와께서 이같이 이스라엘을 애굽 사람의 손에서 구원하시매 이스라엘이 바닷가에서 애굽 사람들이 죽어 있는 것을 보았더라 (출애굽기 14:26~28,30)

하나님은 모세에게 이집트 군대가 물에 빠지도록 손을 바다 위로 뻗으라고 말씀하셨습니다. 물이 이집트 군대 위에 무너져 내린 결과 이집트 군대는 완전히 전멸했습니다. 이스라엘 사람들

은 해변을 따라 흩어진 이집트 군대의 시체들을 보았습니다. 모세는 이 광경을 보고 이스라엘 자손들에게 승리의 찬양을 부르도록 했습니다.

> 이 때에 모세와 이스라엘 자손이 이 노래로 여호와께 노래하니 일렀으되 내가 여호와를 찬송하리니 그는 높고 영화로우심이요 말과 그 탄 자를 바다에 던지셨음이로다 (출애굽기 15:1)

모세는 원수가 멸망한 것을 보고 지금이 축하할 때라고 생각했습니다. 이스라엘은 주님을 찬양하는 노래를 부르기 시작했는데, 아마도 교창으로 불렀을 것입니다.[1] 이스라엘은 방금 경험한 강력한 승리를 기뻐하며 춤을 추었습니다. 이스라엘은 이집트 군대를 멸절시키신 주님을 찬양했습니다.

잠시 상상해 봅시다. 이스라엘 사람들이 방금 막 홍해를 건넜고, 해변에는 이집트인들의 시체가 널려 있었습니다. 이스라엘 사람들이 노래하는 동안 여 선지자 미리암이 소고(탬버린)를 들었고 모든 여인이 춤을 추기 시작했습니다. 이스라엘은 원수를 심판하신 하나님을 기뻐하며 노래했습니다.

많은 사람이 찬양곡「내가 주를 찬송하리」를 신나고 즐거운 찬양으로 알고 부릅니다. 그런데 사실 이 노래는 이집트 군대를 죽이고 멸망시키신 주님을 찬양하는 노래입니다.

---

1. 교창은 보통 예배 인도자가 짧은 구절을 부르면 회중이 그대로 따라 부르거나 정해진 노래로 화답하는 형식이다.

모세와 이스라엘 자손이 찬양하며 "내가 주께 처소를 예비하 겠으며 i will prepare him an habitation"(출 15:2 한글킹)라고 노래했 습니다. 우리는 어떻게 하면 하나님을 위한 처소를 예비할 수 있 을까요? 시편 22:3은 하나님이 이스라엘의 찬송 중에 거하신다고 말합니다. 우리는 찬양으로 하나님이 거하실 처소를 예비할 수 있습니다. 하나님은 우리의 찬양에 거하십니다.

성경은 하나님이 세 장소에 거하시거나 좌정하신다고 말합니 다. 그 장소는 하늘(천국), 신자의 마음 그리고 찬양입니다.

이제 세 번째 장소인 찬양에 좌정하시는 하나님께 집중합시다. 하나님이 우리 찬양에 거하신다는 사실을 알았다면, 우리 찬양을 처소로 삼아 좌정하시는 하나님의 성품과 본성을 알아야 합니다. 우리는 앞서 주님이 용사이며 만군의 여호와라는 사실을 확인했 습니다. 우리 하나님은 전쟁하는 분이십니다. 우리 찬양은 강력한 용사, 만군의 여호와를 위한 처소를 예비합니다. 이미 이 계시를 받은 모세는 "내가 주께 처소를 예비하겠으며"라고 노래한 후 이렇 게 고백합니다.

여호와는 용사시니 여호와는 그의 이름이시로다 (출애굽기 15:3)

신자라면 한 번쯤은 주님의 임재를 느낀 적이 있을 것입니다. 하나님의 명백한 임재는 우리가 느낄 수 있도록 하나님의 성품이 나타나는 사건을 말합니다.

하나님의 성품이 다양하듯이 하나님의 임재도 다양합니다. 우리가 예배에서 하나님의 평화를 느낄 때, 우리는 여호와 샬롬의 임재를 경험한 것입니다. 우리가 치유의 기름 부음을 느낀다면, 여호와 라파의 하나님을 경험한 것입니다. 어쩌면 그동안 우리는 하나님의 임재를 제한적으로 경험했을지도 모릅니다. 왜냐하면 우리가 알고 있는 하나님의 성품과 본성에 한계가 있었기 때문입니다. 하나님은 우리 믿음을 따라 응답하시고 역사하십니다.

예수님은 "너희 믿음대로 되라"고 말씀하셨습니다(마 9:29). 안타깝게도 우리는 사랑, 평화, 기쁨, 치유, 자유, 구원 외에는 하나님의 임재를 받아들일 수 있는 믿음이 부족합니다. 하나님의 임재는 우리에게 하나님의 성품과 본성이 계시된 만큼 나타납니다.

나는 하나님이 우리가 하나님을 위해 만든 제한적인 계시의 틀 안에 갇혀있기를 원치 않으신다고 믿습니다. 오히려 하나님은 우리에게 자신의 성품과 본성을 새롭게 계시해 주셔서 하나님이 원하시는 대로 우리에게 자유롭게 큰 능력으로 임재하기를 원하십니다. 주님은 우리에게 강력한 전쟁의 용사, 유다의 사자, 만군의 여호와의 임재를 나타내기를 원하십니다.

하나님이 임재를 나타내실 때는 분명한 목적이 있습니다.

첫째, 하나님은 우리에게 임재하기를 원하십니다. 성경은 이렇게 말합니다. "주의 임재에는 충만한 기쁨이 있고"(시 16:11 한글 킹). 우리는 기쁨이 넘치는 신자가 되어야 합니다.

둘째, 하나님은 임재를 통해 우리에게 역사하기를 원하십니다. 하나님이 여호와 라파로 임재하실 때, 우리는 다른 이들이 치유를 받도록 기도해야 합니다. 나는 이것을 베데스다 연못의 물을 동하게 한 천사의 이야기에 비유합니다. 먼저 물에 들어간 사람은 치유를 받았습니다(요 5:4). 하나님의 임재가 치유의 기름 부음으로 나타날 때 사람들은 더 쉽게 치유를 받습니다. 그때 우리는 하나님의 동역자로서 다른 사람들이 치유를 받도록 섬겨야 합니다.

마지막으로, 하나님은 임재로 우리 원수를 멸하기를 원하십니다. 하나님의 임재는 영적 전쟁의 목적으로 나타납니다. 시편 68:2은 이렇게 말합니다. "악인으로 하나님의 임재에서 멸망하게 하소서(한글킹)". 다윗은 시편 9:3에서 "내 원수들이 물러갈 때에 주 앞에서PRESENCE 넘어져 망하리이다(개역개정)"라고 말했습니다.

모세가 선포했듯이, 우리가 찬양하고 경배할 때 전쟁의 용사이신 주님의 처소가 마련됩니다. 우리가 찬양으로 용사이신 주님의 처소를 예비하면 그곳에 만군의 하나님께서 임하십니다. 우리 찬양은 주님이 강력한 용사로 일어나셔서 자신을 나타내시고 우리 원수들과 싸우실 처소를 예비하는 통로입니다.

우리는 하나님과 함께 일하는 동역자입니다. 우리가 만군의 여호와의 임재를 느낄 때, 주님은 주님의 군대가 주님을 따라 전쟁터로 나가도록 전쟁의 함성을 외치십니다. 우리는 "전쟁의 영"을 느낄 수 있습니다. 이때는 하나님의 영이 우리에게 찬양의 무기를 들고 어둠의 영에 대항하는 영적 전쟁에 들어가도록 촉구하시는 때입니다. 이것이 바로 하나님의 임재입니다.

다윗과 골리앗의 이야기를 보면 다윗이 만군의 여호와의 계시를 받은 것을 알 수 있습니다. 골리앗이 큰 소리로 위협하자 다윗은 골리앗의 운명을 예언적으로 선포했습니다.

> 다윗이 블레셋 사람에게 이르되 너는 칼과 창과 단창으로 내게 나아 오거니와 나는 만군의 여호와의 이름 곧 네가 모욕하는 이스라엘 군대의 하나님의 이름으로 네게 나아가노라 (사무엘상 17:45)

다윗의 선포는 이런 뜻입니다.

"너를 죽일 무기는 내 물매와 돌이 아니다. 내 하나님, 만군의 여호와가 내 무기다."

골리앗은 큰 키와 막강한 힘과 큰 무기로 다윗을 공격했지만, 다윗은 자신이 섬기는 하나님이 만군의 여호와라는 계시로 무장했습니다. 다윗이 손에 든 물매와 돌에 다윗이 받은 계시, 만군의 여호와를 향한 신뢰가 하나님의 능력을 불어넣었습니다.

마찬가지로, 우리 찬양을 처소 삼아 거주하시는 하나님의 계시가 우리 찬양에 능력을 줍니다. 우리는 다윗과 함께 "내 원수들이 물러갈 때에 주(의 임재) 앞에서 넘어져 망함이니이다"라고 말할 수 있어야 합니다(시 9:3).

하나님의 임재는 우리에게 영적인 황홀감을 주기 위해 나타나는 것이 아닙니다. 우리는 우리 찬양에 거주하시는 분이 전능하신 하나님, 강한 용사, 만군의 여호와이심을 알아야 합니다. 주님의 임재 안에는 기쁨이 충만할 뿐만 아니라, 만군의 여호와^{LORD} ^{SABAOTH}께서 우리를 전투로 이끄시며 그 임재 앞에서 원수들이 멸망하는 완전한 승리가 있습니다.

"우리 하나님은 전쟁하는 분이
십니다. 우리 찬양은 강력한
용사, 만군의 여호와를 위한
처소를 예비합니다."

SILENCING
THE ENEMY
W I T H
P R A I S E

8장

함성의 능력

The Power of the Shout

[1] 너희 만민들아 손바닥을 치고 즐거운 소리로 하나님께 외칠지어다 [5] 하나님께서 즐거운 함성 중에 올라가심이여 여호와께서 나팔 소리 중에 올라가시도다 (시편 47:1,5)

[1] 하나님께서는 일어나사 주의 원수들을 흩어 버리시고, 주를 미워하는 자들도 주 앞에서 도망하게 하소서. [2] 연기가 날려 가듯 그들을 쫓아내시며, 밀초가 불 앞에서 녹아 내리듯 악인으로 하나님의 임재에서 멸망하게 하소서. (시편 68:1~2, 한글킹)

보라, 주께서 친히 용사처럼 싸움터로 나가시고, 전사같이 크게 외치신다. 그가 큰 소리로 함성을 지르면서, 원수들을 모조리 물리쳐 이기신다. (이사야 42:13, 쉬운말)

성경에는 주님을 찬양하는 여러 가지 방법이 나옵니다. 함성도 하나님을 찬양하는 아주 좋은 방법입니다. 왜 하나님이 우리가 함성 외치기를 원하시는지 정확한 이유는 알 수 없지만 하나님은 우리에게 함성을 외치라고 말씀하셨을 뿐만 아니라 성경에 함성의 영적 원리까지 보여주셨습니다.

육신의 생각으로는 하나님께 함성 외치는 모습이 참 어리석어 보입니다. 실제로 하나님은 귀가 어둡지 않으시기 때문에 우리가 찬양할 때 평소보다 더 큰 소리로 말하지 않아도 됩니다.

그러나 하나님의 말씀은 우리가 함성을 외칠 때 하나님이 우리를 통해 무언가를 풀어내신다고 알려줍니다. 하나님은 우리 유익을 위해 찬양을 큰 소리로 외치도록 정하셨습니다.

함성의 히브리어는 '루아'이며 "소리로 귀청을 찢다, 부수어 깨트리다"라는 뜻이 있습니다. 하나님이 함성에 능력을 주셨습니다. 우리가 찬양의 함성을 외칠 때 마귀의 귀청을 찢고 그의 세력을 깨트리고 무너뜨립니다. 우리가 주님께 찬양의 함성을 외칠 때 원수가 세운 견고한 진이 흔들리고 무너지기 시작합니다.

우리는 앞서 5장에서 예수님이 예루살렘에 승리로 입성하신 사건을 살펴보았습니다. 예수님은 이스라엘 백성들의 환호와 찬양 중에 성전에 도착하셔서 환전상과 비둘기 파는 사람들을 모두 쫓아내셨습니다. 예루살렘 입성 이야기에서 우리는 함성의 영적인 원리를 봅니다.

시편 47:5은 하나님이 즐거운 함성중에 올라가신다고 선포합니다. 킹제임스성경은 "하나님께서 함성과 더불어, 주께서 나팔 소리와 더불어 올라가셨도다"라고 합니다. "올라가다"의 히브리어는 '알라'이며 "불일 듯 부채질하다, 일으키다, 격동하다"라는 뜻이 있습니다. 따라서 이 구절을 이렇게 읽을 수 있습니다. "하나님께 찬양의 함성을 외칠 때 하나님이 우리 원수를 물리치신다."

이제 조금 다른 각도에서 이야기를 살펴봅시다. 시편 68:1은 "하나님이 일어나시니 원수들은 흩어지며 주를 미워하는 자들은 주 앞에서 도망하리이다"라고 합니다. 어떻게 해야 하나님이 일어나실까요? 우리는 이미 앞서 하나님이 함성과 함께 일어나신다는 원칙을 확인했습니다. 이 구절에서 "일어나시니"로 번역한 히브리어는 "일어나다, 깨우다, 일으키다, 불일듯이 격동하다STIR UP"라는 의미입니다. 하나님이 불일듯이 일어나시면 원수들은 흩어집니다. 흩어진다는 단어는 "산산조각이 나거나 부서지다"라는 의미입니다. 이제 모든 내용을 종합하면 이런 의미가 됩니다:

"우리가 찬양의 함성을 외칠 때 하나님이 불일듯이 일어나셔서 우리 원수를 격파하신다. 하나님이 불일듯이 일어나실 때 원수들은 산산조각 난다."

이 정의는 우리를 "부수어 깨트리다"라는 함성의 원래 정의로 돌아가게 합니다. 앞서 말한 것처럼 구약과 신약의 이야기들은 우리의 본보기(고전 10:11)로서 영적 원리를 보여주기 위해 기록되었습니다. 이제 함성의 원리를 보여주는 성경의 몇 가지 예를 살펴봅시다. 가장 잘 알려진 이야기는 여호수아 5장과 6장에 나오는 여리고성 함락 이야기입니다.

[13] 여호수아가 여리고에 가까이 이르렀을 때에 눈을 들어 본즉 한 사람이 칼을 빼어 손에 들고 마주 서 있는지라 여호수아가 나아가서 그에게 묻되 너는 우리를 위하느냐 우리의 적들을 위하느냐 하니 [14] 그가 이르되 아니라 나는 여호와의 군대 대장으로 지금 왔느니라 하는지라 여호수아가 얼굴을 땅에 대고 엎드려 절하고 그에게 이르되 내 주여 종에게 무슨 말씀을 하려 하시나이까 [15] 여호와의 군대 대장이 여호수아에게 이르되 네 발에서 신을 벗으라 네가 선 곳은 거룩하니라 하니 여호수아가 그대로 행하니라 (여호수아 5:13~15)

[2] 여호와께서 여호수아에게 이르시되 보라 내가 여리고와 그 왕과 용사들을 네 손에 넘겨 주었으니 [3] 너희 모든 군사는 그 성을 둘러 성 주위를 매일 한 번씩 돌되 엿새 동안을 그리하라 [4] 제사장 일곱은 일곱 양각 나팔을 잡고 언약궤 앞에서 나아갈 것이요 일곱째 날에는 그 성을 일곱 번 돌며 그 제사장들은 나팔을 불 것이며 [5] 제사장들이 양각 나팔을 길게 불어 그 나팔 소리가 너희에게 들릴 때에는 백성은 다 큰 소리로 외쳐 부를 것이라 그리하면 그 성벽이 무너져 내리리니 백성은 각기 앞으로 올라갈지니라 하시매 (여호수아 6:2~5)

이 이야기는 여호와의 군대 대장이 여호수아에게 다가오면서 시작합니다. 흥미롭게도 여호수아는 그가 누구인지 알아보지 못합니다. 여호수아는 이런 모습의 주님을 본 적이 없었습니다. 주님은 칼을 뽑아 들고 서 계십니다. 여호수아는 주님을 구원자, 공급자, 지지자로는 알았지만, 전쟁의 용사로는 몰랐습니다. 주님은 여호수아가 하나님의 사명을 수행할 수 있도록 찾아오셔서 주님이 어떤 분이신지 새롭게 계시하셨습니다.

그리고 여호수아는 주님께 전투 전략을 받습니다. 주님은 여호수아에게 6일 동안 매일 여리고 성을 한 바퀴씩 행군하라고 지시하십니다. 그리고 7일째 되는 날 여리고 성을 7번 행군하고 제사장들이 나팔을 길게 불면 백성들은 큰 소리로 함성을 외치라고 하셨습니다. 그러면 성벽이 무너질 것이라고 하셨습니다.

여호수아는 주님께 받은 전투 계획을 백성들에게 지시하고 실행에 옮깁니다.

[15] 드디어 이렛날이 되었다. 그들은 새벽 동이 트자 일찍 일어나서 전과 같이 성을 돌았는데, 이 날만은 일곱 번을 돌았다. [16] 일곱 번째가 되어서, 제사장들이 나팔을 불 때에, 여호수아가 백성에게 이렇게 명령하였다. 큰소리로 외쳐라! 주님께서 너희에게 이 성을 주셨다. [20] 제사장들이 나팔을 불었다. 그 나팔 소리를 듣고서, 백성이 일제히 큰소리로 외치니, 성벽이 무너져 내렸다. 백성이 일제히 성으로 진격하여 그 성을 점령하였다. (여호수아 6:15,16,20 새번역)

군대 대장이신 주님의 전투 전략대로 모든 백성이 큰 소리로 함성을 외치자, 성벽이 무너졌습니다. 우리는 다시 한번 이 이야기가 왜 성경에 나오는지 질문해야 합니다. 물론 실제로 일어난 역사적 사건이기 때문입니다. 그런데 바울은 이러한 일들이 우리 본보기로 성경에 기록되었다고 했습니다. 그렇다면 하나님이 이 이야기를 통해 우리에게 계시하고자 하는 원리는 무엇일까요?

하나는 순종의 축복입니다. 하나님의 말씀에 순종하면 축복을 받습니다. 나는 함성의 능력에 이 순종의 실천이라는 영적 원리가 동일하게 역사한다고 믿습니다. 함성을 외치십시오!

또 다른 원리는 거룩한 전략의 필요성입니다. 왜 하나님은 함성을 외치는 전략을 사용하셨을까요? 이 원리를 지금도 다시 사용할 수 있을까요, 아니면 이제는 끝난 사건일까요?

여전히 함성의 영적인 원리는 우리가 따라야 할 본보기입니다. 하나님은 이스라엘을 통해 함성이라는 강력한 무기를 보여 주셨습니다. 하나님은 찬양의 함성중에 일어나시고 원수들은 흩어집니다. 여호수아와 이스라엘 백성이 함성을 외치자, 원수들의 방어가 파괴되었습니다. 우리가 하나님을 향해 승리의 목소리로 함성을 외칠 때 원수들의 방어벽은 파괴되고, 우리는 원수가 우리에게서 빼앗은 것을 다시 찾아옵니다. 할렐루야!

기드온과 미디안 사람들의 이야기는 함성에 관한 또 다른 큰 승리를 보여줍니다.

¹⁶ 그는 삼백 명을 세 부대로 나누고, 각 사람에게 나팔과 빈 항아리를 손에 들려 주었다. 빈 항아리 속에는 횃불을 감추었다. ¹⁷ 그리고 이렇게 지시하였다. "너희는 나를 보고 있다가, 내가 하는 대로 하여라. 내가 적진의 끝으로 가서 하는 대로 따라 하여라. ¹⁸ 나와 우리 부대가 함께 나팔을 불면, 너희도 적진의 사방에서 나팔을 불면서 '주님 만세! 기드온 만세!'하고 외쳐라." ¹⁹ 기드온과 그가 거느리는 군사 백 명이 적진의 끝에 다다른 것은, 미디안 군대의 보초가 교대를 막 끝낸 한밤중이었다. 그들은 나팔을 불며 손에 든 항아리를 깨뜨렸다. ²⁰ 세 부대가 모두 나팔을 불며 단지를 깨고, 왼손에는 횃불을 들고, 오른손에는 나팔을 들고 불면서 "주님의 칼이다! 기드온의 칼이다!" 하고 외쳤다. ²¹ 그리고 그들이 저마다 제자리에 서서 적진을 포위하니, 적군은 모두 아우성치며 달아났다. (사사기 7:16~21 새번역)

다시 한번 우리는 전쟁에서 함성을 어떻게 사용하는지 봅니다. 미디안 사람들은 이스라엘의 나팔 소리와 함성을 듣고 공포에 질려 도망쳤고 돌변하여 서로를 죽이기 시작했습니다. 기쁨의 함성을 통해 원수의 진영이 혼란스러워졌습니다. 미디안 사람들은 함성을 듣고 뿔뿔이 흩어졌습니다.

²² 삼백 명이 나팔을 불 때에 여호와께서 그 온 진영에서 친구끼리 칼로 치게 하시므로 적군이 도망하여 스레라의 벧 싯다에 이르고 또 답밧에 가까운 아벨 므홀라의 경계에 이르렀으며 ²³ 이스라엘 사람들은 납달리와 아셀과 온 므낫세에서부터 부름을 받고 미디안을 추격하였더라 (사사기 7:22~23, 새번역)

열왕기상에 다윗의 두 아들에 관한 또 다른 흥미로운 이야기가 나옵니다. 한 명은 아도니야였고, 다른 한 명은 솔로몬이었습니다. 다윗 왕이 점점 기력을 잃어가자, 누가 다윗을 대신할 왕이 될 것인지 의문이 제기되었습니다. 아도니야는 이 상황을 이용해 왕위를 찬탈하기로 결심합니다. 아도니야는 자신의 계획에 동조할 사람을 모아 자신을 왕으로 공포했습니다.

선지자 나단은 아도니야의 반란 소식을 듣고 다윗의 아내이자 솔로몬의 어머니인 밧세바에게 아도니야의 반란을 다윗에게 알리라고 지시했습니다. 밧세바는 솔로몬을 왕으로 삼겠다는 다윗의 약속을 상기시켜야 했습니다. 다윗은 아도니야의 행동을 듣고 선지자 나단과 제사장 사독에게 솔로몬을 데려와서 이스라엘의 왕으로 기름 부으라고 지시했습니다. 그리고 나팔을 불어 "솔로몬 왕 만세!"를 외치라고 명령했습니다.

38 사독 제사장과 나단 예언자와 여호야다의 아들 브나야와 그렛 사람과 블렛 사람이 내려가서, 솔로몬을 다윗 왕의 노새에 태워서, 기혼으로 데리고 갔다. 39 사독 제사장이 장막에서 기름을 넣은 뿔을 가지고 와서, 솔로몬에게 기름을 부었다. 그리고 뿔나팔을 부니, 모든 백성이 "솔로몬 왕 만세!" 하고 외쳤다. 40 모든 백성이 그의 뒤를 따라 올라와, 피리를 불면서, 열광적으로 기뻐하였는데, 그 기뻐하는 소리 때문에 세상이 떠나갈 듯 하였다. (열왕기상 1:38~40, 새번역)

이 구절은 취임식 축하 장면을 보여줍니다. 모든 사람이 "세상이 떠나갈 듯" 함성을 외치며 기뻐했습니다. 아마도 가장 큰 경기장에 모인 사람들의 함성도 그날만큼 크지 않았을 것입니다. 그시간, 아도니야는 모든 친구를 모아 잔치를 벌이며 자신이 왕이되어 행할 변화를 이야기했을 것입니다. 아도니야가 온 마을에서잔치를 벌이는 동안 소음처럼 축하하는 소리가 들리기 시작했습니다. 제사장 아비아달의 아들 요나단이 달려와 아도니야와 손님들에게 소음의 의미를 알렸습니다. 그 결과는 이렇습니다.

그 말을 듣고, 아도니야의 초청을 받아서 와 있던 모든 사람들이, 황급히
일어나서, 모두 제 갈 길로 가 버렸다. (열왕기상 1:49, 새번역)

사람들이 기뻐하며 "솔로몬 왕 만세!"를 외치자, 아도니야의 사람들은 두려움에 사로잡혀 흩어졌습니다. 아도니야는 너무 두려워서 제단의 뿔을 붙잡고 솔로몬이 자신을 죽이지 않겠다고 말할때까지 뿔을 놓지 않았습니다. 사람들이 함성을 외치자, 왕위 찬탈자들은 깜짝 놀라 제 갈 길로 흩어졌습니다. 예수님을 왕으로 선포하는 함성을 들으면 사탄과 그의 모든 악한 세력은 함께 놀라서 도망칩니다. 우리는 함성으로 사탄을 두려워 떨게 합니다.

스포츠에서 홈구장의 이점은 함성의 원리를 보여줍니다. 더 많은 사람이 큰 소리로 홈팀을 응원하는 것이 홈구장의 이점입니다. 함성은 원정팀의 사기를 떨어트리고 열정과 의지를 빼앗습니다.

홈팀은 팬들의 압도적인 응원과 함성 덕분에 큰 자신감을 얻고 더 공격적인 경기를 합니다. 과연 이것이 그리스도인과 무슨 관련이 있습니까? 지금 예수님과 교회가 사탄의 악한 세력과 맞서 싸우는 중이기 때문에 우리는 어떤 의미에서 경기 중입니다.

우리는 홈구장의 이점이 있습니다. 성경은 "땅과 거기에 충만한 것과 세계와 그 가운데에 사는 자들은 다 여호와의 것이로다"라고 말합니다(시 24:1). 교회가 경쟁하는 경기장은 모두 주님의 것이며 마귀는 이 세상에서 원정팀과 같은 존재입니다. 천국에서 쫓겨난 마귀는 지옥으로 가는 길에 세상을 잠시 방문하는 존재일 뿐입니다.

교회 성도들과 천상의 존재들이 경기장을 가득 채우고 환호하며 함성을 외치는 순간, 최고의 풋볼 선수보다 훨씬 더 뛰어난 분이 경기장에 들어섭니다. 우리 주장이신 예수님은 교회가 어떻게 해야 할지 작전을 지시하십니다. 예수님의 작전은 예언적 통찰력과 계시로 시범을 보이는 것입니다. 경기장 안의 사람들이 예수님을 찬양하고 함성을 외칠 때 마귀는 패배할 수밖에 없습니다.

나는 하나님이 함성에 부여하신 능력을 여러분이 이해하도록 돕기 위해 이 비유를 사용했습니다. 결코 예수님을 이 땅의 유명한 선수나 감독들과 비교하려는 것이 아닙니다. 그 누구도 예수님과 비교할 수 없습니다. 이러한 비유는 우리가 하나님이 말씀 속에 정하신 영적인 원리를 깊이 이해하는 데 도움을 줍니다.

한 동료 목사님이 미 공군에 있을 때 참여한 훈련 이야기를 알려주었습니다. 그 훈련은 곤봉을 이용한 백병전입니다. 훈련 도중에 상대방이 동료 목사님의 배를 세게 쳐서 거의 숨 쉴 수 없었지만, 그 순간 동료들이 귀가 먹먹할 정도로 크게 함성을 외치며 목사님을 응원하기 시작했습니다. 그 함성으로 목사님은 힘이 솟아났고 몇 차례 반격에 성공한 결과, 결국 상대를 이겼습니다.

나는 다시 한번 강조하길 원합니다. 함성은 숨어 있던 열정을 불러일으킵니다. 함성은 일상에서도 적용할 수 있는 하나님이 정하신 영적 원리입니다.

몇 년 전, 나는 한 교회에서 열린 예언적 컨퍼런스에서 예배를 인도했습니다. 그때는 하나님이 그 집회에서 함성의 능력을 직접 가르쳐 주실지 전혀 알지 못했습니다. 컨퍼런스는 화요일 저녁에 시작해서 주일 저녁에 끝났습니다. 컨퍼런스 장소에 들어서는 순간, 마치 무거운 커튼이 내려앉은 듯한 답답한 분위기를 느꼈습니다. 하루 종일 여행하느라 피곤하기도 했지만 그와 다른 묘한 불편함이 있었습니다.

다음 날 아침에는 달라지기를 바랐지만 수요일 아침에도 여전히 무겁고 답답한 분위기가 가득했습니다. 예배는 활기를 잃고 침묵 속에 흘러갔으며, 아무도 주님을 찬양하지 않았고 영적인 은사도 나타나지 않았습니다. 영적인 자유와 하나님의 임재가 전혀 느껴지지 않는 45분의 예배는 마치 영원처럼 느껴졌습니다.

나는 예배가 끝난 후 상황을 분석했습니다. 아직 아침이라서 사람들이 잠이 완전히 깨지 않았기 때문일 수도 있겠다고 생각했고 저녁 집회 때에는 반드시 이 상황이 돌파되기를 기대했습니다. 간절한 마음으로 저녁 집회를 시작했지만, 기대했던 돌파는 일어나지 않았습니다. 그 무렵 나는 심각하게 걱정하기 시작했습니다. 상황이 빨리 바뀌지 않으면 정말 긴 컨퍼런스가 되겠다고 생각했습니다. 나는 이 무겁고 답답한 분위기를 어떻게 돌파할 수 있을지 주님께 기도했습니다.

목요일 아침, 컨퍼런스 네 번째 예배를 인도하는 동안 같은 상황이 반복되었습니다. 예배 도중에 성령께서 말씀하셨습니다. "내가 멈추라고 지시할 때까지 모든 사람이 함성을 외쳐라."

나는 회중에게 주님이 주신 말씀을 전했습니다. 그리고 우리는 20분 동안 함성을 외쳤는데, 함성을 외치고 10분쯤 지나자, 영적인 영역에서 무언가 깨지면서 닫힌 것이 열리고 무거운 분위기가 사라졌습니다.

우리가 함성을 외치는 동안 주님은 나에게 후퇴하는 사탄의 군대를 추격하는 천국의 군대 환상을 보여주셨습니다. 우리가 승리의 소리로 주님께 함성을 외칠 때 하나님이 일어나셔서 원수를 물리치셨습니다.

그 시점부터 예배에 자유가 임했습니다. 집회 때마다 사람들이 더욱 전심으로 하나님을 찬양했고 예배는 더욱 활기찼습니다.

성령의 은사들이 나타나면서 회중들의 질병이 치유 받고 악한 영에 눌린 영혼이 자유를 얻었습니다. 이 영적인 해방은 우리가 목요일 아침에 20분 동안 함성을 외친 결과였습니다.

우리는 함성에 승리의 능력이 있다는 사실을 깨달아야 합니다. 우리가 목소리를 높일 때 하나님이 일어나시고 원수들은 흩어집니다!

"하나님의 말씀은 우리가 함성을 외칠 때 하나님이 우리를 통해 무언가를 풀어내신다고 알려줍니다. 하나님은 우리 유익을 위해 찬양을 큰 소리로 외치도록 정하셨습니다."

SILENCING
THE ENEMY
W I T H
P R A I S E

9장

여호사밧의 계시

Jehoshaphat's Revelation

역대하 20장에는 내가 '여호사밧의 진퇴양난'이라고 이름을 붙인 이야기가 나옵니다. 세 개의 다른 군대가 유다를 공격하려고 모였습니다. 유다 왕 여호사밧은 극복하기 힘든 큰 어려움에 직면했습니다. 하나님이 역사하지 않으면 여호사밧은 반드시 패할 상황이었습니다.

여호사밧이 두려워하여 여호와께로 낯을 향하여 간구하고 온 유다 백성에게 금식하라 공포하매 (역대하 20:3)

여호사밧은 '너희는 여호와를 만날 만한 때에 찾으라'는 말씀을 실천하기로 결심했습니다(사 55:6). 유다 왕국의 모든 사람이 주님을 구하자, 주님의 영이 야하시엘이라는 성전 음악가에게 임하여 주님의 말씀을 예언하게 했습니다.

¹⁵ 야하시엘이 이르되 온 유다와 예루살렘 주민과 여호사밧 왕이여 들을지어다 여호와께서 이같이 너희에게 말씀하시기를 너희는 이 큰 무리로 말미암아 두려워하거나 놀라지 말라 이 전쟁은 너희에게 속한 것이 아니요 하나님께 속한 것이니라 ¹⁶ 내일 너희는 그들에게로 내려가라 그들이 시스 고개로 올라올 때에 너희가 골짜기 어귀 여루엘 들 앞에서 그들을 만나려니와 ¹⁷ 이 전쟁에는 너희가 싸울 것이 없나니 대열을 이루고 서서 너희와 함께 한 여호와가 구원하는 것을 보라 유다와 예루살렘아 너희는 두려워하지 말며 놀라지 말고 내일 그들을 맞서 나가라 여호와가 너희와 함께 하리라 하셨느니라 하매 ¹⁸ 여호사밧이 몸을 굽혀 얼굴을 땅에 대니 온 유다와 예루살렘 주민들도 여호와 앞에 엎드려 여호와께 경배하고 (역대하 20:15~18)

야하시엘은 유다에게 전투 전략을 예언했습니다. 야하시엘은 하나님이 유다를 위한 다른 계획이 있으므로 지금 싸울 필요가 없고 다음 날 원수를 향해 진군해야 한다고 예언했습니다.

다음 날, 주님의 예언적 전략을 받은 여호사밧은 다음날 유다 사람들의 사기를 올리기 위해 격려합니다.

이에 백성들이 아침에 일찍이 일어나서 드고아 들로 나가니라 나갈 때에 여호사밧이 서서 이르되 유다와 예루살렘 주민들아 내 말을 들을지어다 너희는 너희 하나님 여호와를 신뢰하라 그리하면 견고히 서리라 그의 선지자들을 신뢰하라 그리하면 형통하리라 하고 (역대하 20:20)

이 말을 하고 나서 여호사밧은 군대의 총사령관으로서 역사상 가장 비정상적인 일을 합니다.

> 백성과 더불어 의논하고 노래하는 자들을 택하여 거룩한 예복을 입히고 군대 앞에서 행진하며 여호와를 찬송하여 이르기를 여호와께 감사하세 그의 인자하심이 영원하도다 하게 하였더니 (역대하 20:21)

상상할 수 없는 일이 일어났습니다. 여호사밧은 연주팀과 찬양대를 군대 앞에 선두로 세웁니다. 하나님이 위대한 일을 하시든지, 아니면 유다에서 음악이 영원히 사라지든지 둘 중 하나였습니다! 우리 교회 예배팀에는 자원해서 섬기는 분들이 있습니다. 그날 여호사밧에게 얼마나 많은 자원자가 있었을지 궁금합니다. 만일, 이 예배가 성공하지 못하면 두 번째 기회는 없었기 때문에 그들의 생명은 예배에 달려 있었습니다. 이 사건을 통해 우리는 여호사밧과 온 유다가 야하시엘의 예언을 얼마나 확신했는지 알 수 있습니다. 유다 군대는 정말 찬양팀을 앞세우고 하나님을 찬양하며 원수를 향해 진군하기 시작했습니다.

> 22 그 노래와 찬송이 시작될 때에 여호와께서 복병을 두어 유다를 치러 온 암몬 자손과 모압과 세일 산 주민들을 치게 하시므로 그들이 패하였으니 23 곧 암몬과 모압 자손이 일어나 세일 산 주민들을 쳐서 진멸하고 세일 주민들을 멸한 후에는 그들이 서로 쳐죽였더라 24 유다 사람이 들 망대에 이르러 그 무리를 본즉 땅에 엎드러진 시체들뿐이요 한 사람도 피한 자가 없

는지라 [25] 여호사밧과 그의 백성이 가서 적군의 물건을 탈취할새 본즉 그 가운데에 재물과 의복과 보물이 많이 있으므로 각기 탈취하는데 그 물건이 너무 많아 능히 가져갈 수 없을 만큼 많으므로 사흘 동안에 거두어들이고 (역대하 20:22~25)

하나님의 사람들이 주님을 찬양하기 시작했을 때 강력한 승리를 거두었습니다. 주님을 향해 찬양을 부르면 원수의 진영에 혼란이 임합니다. 크리스천 국제 사역 네트워크의 설립자인 빌 해몬 박사의 말에 따르면, 예언적 찬양은 악한 영의 소통 채널에 혼란을 주어 파멸하게 하는 하나님의 전파 방해 장치입니다.[2] 여호사밧은 찬양의 능력의 계시를 받았습니다.

찬양의 군대가 하나님의 자비와 사랑을 찬양했다는 것이 흥미롭습니다. 솔직히 나는 그들이 왜 전쟁터에서 원수를 앞에 두고 하나님의 자비를 노래했는지 이해할 수 없어서 주님께 질문했는데, 그러자 주님은 나에게 여호사밧의 계시를 보여주셨습니다.

여호사밧이 받은 자비의 계시와 현대 교회에 속한 우리가 이해하는 자비는 다릅니다. 우리는 십자가와 구원의 관점에서 하나님의 자비를 이해하지만, 여호사밧이 살았을 때는 예수님이 이 땅에 오시기 전입니다. 그래서 여호사밧이 이해하는 하나님의 자비와 우리가 이해하는 하나님의 자비가 다릅니다. 우리는 유다가 원수를 향해 나아가며 부른 노래로 여호사밧의 계시를 이해할 수 있습니다.

2. Bill Hamon, Prophets and the Prophetic Movement (Shippensburg, Pa.: Destiny Image Publishers, 1990).

시편 136편

[1] 여호와께 감사하라 그는 선하시며 그 인자하심이 영원함이로다 [2] 신들 중에 뛰어난 하나님께 감사하라 그 인자하심이 영원함이로다 [3] 주들 중에 뛰어난 주께 감사하라 그 인자하심이 영원함이로다

[4] 홀로 큰 기이한 일들을 행하시는 이에게 감사하라 그 인자하심이 영원함이로다 [5] 지혜로 하늘을 지으신 이에게 감사하라 그 인자하심이 영원함이로다 [6] 땅을 물 위에 펴신 이에게 감사하라 그 인자하심이 영원함이로다 [7] 큰 빛들을 지으신 이에게 감사하라 그 인자하심이 영원함이로다 [8] 해로 낮을 주관하게 하신 이에게 감사하라 그 인자하심이 영원함이로다 [9] 달과 별들로 밤을 주관하게 하신 이에게 감사하라 그 인자하심이 영원함이로다

[10] 애굽의 장자를 치신 이에게 감사하라 그 인자하심이 영원함이로다 [11] 이스라엘을 그들 중에서 인도하여 내신 이에게 감사하라 그 인자하심이 영원함이로다 [12] 강한 손과 펴신 팔로 인도하여 내신 이에게 감사하라 그 인자하심이 영원함이로다

[13] 홍해를 가르신 이에게 감사하라 그 인자하심이 영원함이로다 [14] 이스라엘을 그 가운데로 통과하게 하신 이에게 감사하라 그 인자하심이 영원함이로다 [15] 바로와 그의 군대를 홍해에 엎드러뜨리신 이에게 감사하라 그 인자하심이 영원함이로다 [16] 그의 백성을 인도하여 광야를 통과하게 하신 이에게 감사하라 그 인자하심이 영원함이로다

[17] 큰 왕들을 치신 이에게 감사하라 그 인자하심이 영원함이로다 [18] 유명한 왕들을 죽이신 이에게 감사하라 그 인자하심이 영원함이로다 [19] 아모리인 의 왕 시혼을 죽이신 이에게 감사하라 그 인자하심이 영원함이로다 [20] 바산 왕 옥을 죽이신 이에게 감사하라 그 인자하심이 영원함이로다 [21] 그들의 땅을 기업으로 주신 이에게 감사하라 그 인자하심이 영원함이로다 [22] 곧 그 종 이 스라엘에게 기업으로 주신 이에게 감사하라 그 인자하심이 영원함이로다

[23] 우리를 비천한 가운데에서도 기억해 주신 이에게 감사하라 그 인자하심 이 영원함이로다 [24] 우리를 우리의 대적에게서 건지신 이에게 감사하라 그 인자하심이 영원함이로다 [25] 모든 육체에게 먹을 것을 주신 이에게 감사하 라 그 인자하심이 영원함이로다 [26] 하늘의 하나님께 감사하라 그 인자하심 이 영원함이로다

교대로 화답하며 부르는 이 노래는 하나님의 사랑과 자비를 찬양합니다. 흥미롭게도 이 노래의 4분의 1 이상은 이스라엘의 원수를 멸하신 하나님을 찬양합니다. 10절, 15절, 17절에서 20절 은 과거에 이스라엘의 원수들을 멸하시고 구원하신 하나님을 찬 양합니다. 11절부터 14절과 24절은 원수를 파멸하시어 이스라엘 을 구출하신 하나님을 찬양합니다.

유다 사람들이 이해한 하나님의 자비는 이스라엘의 하나님이 원수를 멸하신다는 것이었습니다. 여호사밧이 이해한 하나님의 자비는 원수들에게 기회가 없다는 것이었습니다.

시편 기자인 다윗이 쓴 시를 보면 여호사밧의 계시와 같은 하나님의 자비 계시와 이해가 있었습니다:

주의 자비로 내 원수들을 끊어 버리시고 내 혼을 괴롭게 하는 자들을 모두 멸하소서. 나는 주의 종이니이다. (시편 143:12, 한글킹)

다윗은 하나님의 자비가 행동으로 나타나면 모든 원수가 멸망한다는 것을 알았습니다. 여호사밧은 하나님의 자비가 전투적이라는 사실을 알았습니다. 자비와 사랑의 예를 들어보겠습니다.

한 가정의 뒤뜰에 아이들이 그네를 타며 노는 중이었습니다. 사나운 개가 뒤뜰에 들어와 아이들을 공격하면 부모는 개를 이성적으로 설득하려 하지 않을 것입니다. 개가 뒤뜰로 들어온 즉시 모든 부모가 뛰쳐나가 개에게 소리칠 것입니다! 심지어 그 동물에게 "판결을 시행할" 무언가를 손에 들고 있을지도 모릅니다. 아이를 진심으로 사랑하는 부모라면 그 상황에서 개를 물리치는 데 필요한 모든 것을 합니다.

그 동물을 향한 부모의 단호하고 거친 행동은 자녀들을 향한 사랑과 자비를 보여줍니다. 부모는 자녀를 사랑하기 때문에 누군가가 자녀들을 해치는 것을 보면 화가 날 수밖에 없습니다. 만일 자녀가 위험한데도 부모가 아무 일도 하지 않는다면 그 부모는 무자비하고 자녀를 사랑하지 않는 부모입니다. 예수님은 이렇게 말씀하셨습니다.

너희가 악한 자라도 좋은 것으로 자식에게 줄 줄 알거든 하물며 하늘에 계신 너희 아버지께서 구하는 자에게 좋은 것으로 주시지 않겠느냐 (마태복음 7:11)

부모가 자녀들을 공격하는 짐승을 물리친다면 하늘에 계신 아버지는 우리를 공격하는 영적인 원수들을 얼마나 더 격렬하게 공격하시겠습니까? 나는 예수님의 십자가와 보혈의 공로로 인해 하나님께 감사드립니다. 하지만 여호사밧과 유다 자손의 계시는 우리와 달랐습니다. 우리가 받은 하나님의 자비와 사랑에 여호사밧이 받은 하나님의 자비와 사랑의 계시를 추가해야 합니다. 그러면 우리가 하나님의 자비를 노래할 때, 여호사밧과 유다가 경험한 것과 같은 결과를 볼 것입니다.

우리가 가진 성경 이해와 계시는 우리가 노래할 때 하나님의 능력이 역사하게 하는 열쇠입니다. 노래의 내용을 성경적으로 이해하지 못하거나 성령의 조명하심을 받지 못하면 우리가 부르는 노래는 아무 능력이 없습니다. 성경에는 주님을 찬양하여 얻은 또 하나의 강력한 승리가 있습니다.

23 많이 친 후에 옥에 가두고 간수에게 명하여 든든히 지키라 하니 24 그가 이러한 명령을 받아 그들을 깊은 옥에 가두고 그 발을 차꼬에 든든히 채웠더니 25 한밤중에 바울과 실라가 기도하고 하나님을 찬송하매 죄수들이 듣더라 26 이에 갑자기 큰 지진이 나서 옥터가 움직이고 문이 곧 다 열리며 모든 사람의 매인 것이 다 벗어진지라 (사도행전 16:23~26)

바울과 실라가 주님을 찬양할 때 두 가지 주목할 만한 사건이 일어났습니다. 첫째, 감옥의 터가 흔들렸습니다. 이것은 영적으로 큰 의미가 있습니다. 마귀는 사람들을 어둠과 절망, 눌림과 질병, 죄의 감옥에 가두려고 합니다. 바울과 실라가 찬양을 부른 후, 지진이 감옥의 터를 뒤흔들었습니다. 우리가 찬송할 때 어둠 세력의 기초가 뒤흔들립니다.

두 번째, 터가 흔들리자 감옥 문이 열리고 모든 사람의 결박이 풀렸습니다. 바울과 실라가 찬양을 부르는 중에 사람들이 자유를 얻었습니다. 우리가 함께 모여 주님께 노래할 때도 마찬가지로 하나님의 능력이 나타납니다.

여러 해 전 나는 국제 컨퍼런스에서 예배를 인도했습니다. 예배 중에 우리가 두 번째 찬양을 부를 때 한 남자의 들리지 않던 귀가 갑자기 들렸습니다. 아무도 그에게 안수하거나 기도하지 않았지만, 그저 하나님을 찬양하고 기뻐하는 중에 육신의 속박이 풀어졌습니다. 하나님께 감사드립니다.

1992년 1월, 나는 사우스캐롤라이나주 컬럼비아에서 예언적 전쟁 찬양 세미나를 진행했습니다. 우리는 컨퍼런스의 마지막 밤을 찬양으로 하늘의 전쟁을 치르는 데 바쳤습니다. 그날 밤 우리는 전쟁 찬양을 부르면서 엄청난 돌파를 경험했습니다. 많은 사람을 가두었던 "감옥 문"이 열리고 "속박이 풀리면서" 그들은 예수님께 삶을 바쳤습니다.

새 노래 곧 우리 하나님께 올릴 찬송을 내 입에 두셨으니 많은 사람이 보고

두려워하여 여호와를 의지하리로다 (시편 40:3)

하나님을 향한 찬양을 듣고 사람들이 주님을 신뢰하게 되었습니다. 찬양을 통해 사람들의 마음이 성령님께 사로잡힌 결과 복음을 듣지 못하게 눈과 귀를 가렸던 악한 영들이 떠났습니다.

역대하 20장의 여호사밧 이야기를 다시 한번 살펴보면, 오늘날 교회에서도 들을 수 있는 야하시엘의 두 가지 진술을 볼 수 있습니다. 하나는 15절에 있습니다: "이 전쟁은 너희에게 속한 것이 아니요 하나님께 속한 것이니라." 어떤 사람들은 이 구절을 보고 전쟁은 하나님께 속했다라고 말합니다. 다른 하나는 17절에 있습니다: "서서 너희와 함께한 여호와가 구원하는 것을 보라." 많은 사람이 이 구절을 보고 영적 전쟁에서 아무것도 할 필요가 없다는 뜻이라고 생각합니다.

틀렸습니다. 야하시엘은 15절에서 전쟁이 하나님께 속했다고 예언한 직후, 16절에서 "너희는 내일 그들과 맞서기 위해 행진해 나가라(쉬운성경)"고 말했습니다. 우리가 해야 할 일이 있습니다. 17절에서, 야하시엘은 유다에게 "너희가 싸울 것이 없나니 대열을 이루고 서서 있으라"라고 말한 후에 "내일 그들을 맞서 나가라"고 했습니다. 이 말씀은 유다가 육적인 전쟁 무기로 싸울 필요가 없다는 의미입니다. 여호사밧의 전쟁은 육적인 전쟁이 아니라 영적인 전쟁으로 승리했습니다.

마찬가지로, 우리도 육적인 무기로 싸우면 안 됩니다. 하나님은 우리에게 악한 권세에 대적할 수 있는 강력한 무기인 찬양을 주셨습니다. 우리가 하나님을 찬양하며 나아갈 때, 원수는 혼란에 빠져 도망갑니다. 만일 여호사밧과 유다가 주님을 찬양하며 원수를 향해 진군하지 않았다면 승리하지 못했을 것입니다.

한 사역자가 이렇게 말했습니다.

"하나님은 공정한 체커 게임 선수입니다. 당신이 움직이면, 그 후에 하나님이 움직이십니다."

우리가 찬양의 무기를 들지 않으면 하나님이 우리를 위해 일어나 원수를 멸하실 수 없습니다. 이제 그 자리에서 일어나 주님을 찬양하며 전진합시다. 그러면 하나님이 원수의 진영에 큰 혼란이 임하게 하셔서 우리에게 큰 승리를 주실 것입니다.

"우리가 하나님을 찬양하며 나아갈 때, 원수는 혼란에 빠져 도망갑니다."

SILENCING
THE ENEMY
W I T H
PRAISE

10장

지혜로 하나님을 찬양하라

Praise Him With Understanding

¹ 너희 만민들아 손바닥을 치고 즐거운 소리로 하나님께 외칠지어다 ² 지
존하신 여호와는 두려우시고 온 땅에 큰 왕이 되심이로다 ³ 여호와께서 만
민을 우리에게, 나라들을 우리 발 아래에 복종하게 하시며 ⁴ 우리를 위하여
기업을 택하시나니 곧 사랑하신 야곱의 영화로다 (셀라) ⁵ 하나님께서 즐
거운 함성 중에 올라가심이여 여호와께서 나팔 소리 중에 올라가시도다 ⁶
찬송하라 하나님을 찬송하라 찬송하라 우리 왕을 찬송하라 ⁷ 하나님은 온
땅의 왕이심이라 지혜의 시로 찬송할지어다 (시편 47:1~7)

시편 기자는 이 시편의 마지막 절에서 오늘날 많은 신자가 자
주 놓치는 부분을 정확하게 짚어서 예언적으로 명령합니다. 그
명령은 "지혜의 시-바른 이해-로 찬송하라."입니다. 오늘날 많은
사람이 교회와 일상생활에 현대적인 형식의 찬양과 경배를 받아
들였습니다. 안타깝지만 우리가 부르는 노래에 하나님의 성품과

본성의 이해, 하나님이 찬양과 경배에 부여하신 능력의 이해가 없으면 우리 노래는 공허하고 무력합니다. 이 성경 말씀은 우리 찬양에 하나님의 능력과 임재가 풀어지게 하는 열쇠입니다. 그 열쇠는 바로 지혜와 명철로 하나님을 찬양하는 것입니다.

1절부터 6절까지 나타난 시편 기자의 의도는 주님께 찬양과 경배드릴 때 가져야 할 이해를 명확하게 표현합니다. 왜 바른 이해가 왜 중요할까요? 우리 마음이 찬양을 성경적으로 바르게 이해하지 못하면 우리 노래는 단지 소음에 지나지 않으며, 앵무새처럼 들은 것은 흉내 내지만 무슨 의미인지 이해하지 못하는 존재와 다를 바 없기 때문입니다.

하나님은 우리가 더 높은 차원에서 더 깊이 예배할 방법을 마련하셨습니다. 우리가 하나님을 더 깊이 이해하고 알아갈수록, 우리 예배는 더욱 의미 있고 능력이 있으며 그 결과 강력한 찬양이 풀어지고 하나님의 영광이 더욱 크게 나타날 것입니다.

시편 47편의 7가지 원칙

시편 47편을 살펴보면 7가지의 구체적인 원칙이 명확하게 드러납니다. 여러분의 찬양과 경배가 더욱 효과를 발휘할 수 있도록 이 내용을 나누고자 합니다. 나는 이것을 '효과적인 찬양을 위한 7가지 원칙'이라고 부릅니다.

첫 번째 원칙

하나님은 큰 소리를 좋아하십니다. 신자들이 가장 먼저 깨달아야 할 것은 찬양은 큰소리로 해야 좋다는 점입니다. 시편 기자가 "승리의 함성으로 하나님께 소리칠지어다."(한글킹)라고 말한 것에 주목합시다. '조용한 함성'은 없다는 사실에 모두 동의하실 겁니다. 사실, 함성은 부드럽고 감미로운 소리가 아닙니다. 함성은 크고 요란하며 강렬한 소리입니다. 하나님은 원래부터 큰 소리로 찬양하도록 정하셨습니다. 아버지 하나님은 찬양을 부드럽고 감미롭게 부르도록 정하지 않으셨습니다.

시편 47:1의 "외치다"와 "승리"라는 단어를 정의하면 성경이 우리에게 명령하는 바를 명확하게 알 수 있습니다. "외칠지어다"라는 단어는 히브리어 '루아'로 소리로 귀를 찢는다는 뜻입니다. "승리(혹은 즐거운)"는 히브리어 '린나'로 삐걱거리는 소리나 날카로운 소리를 의미합니다. 또한, "소리로"라는 단어는 히브리어 '콜'로 문자 그대로 천둥 같은 목소리나 고함을 의미합니다.

우리는 이 말씀에서 하나님이 자기 자녀들에게 찬양받기를 원하시는 방법을 분명하게 지시하시는 모습을 봅니다. 시편 47편의 첫 구절에서 하나님은 우리에게 손뼉을 치고 승리의 함성을 외치라고 명령하십니다. 하나님은 실제로 "너희 만민들아"라고 덧붙이시면서 모든 사람을 포함하셨습니다! 하나님이 "너희 만민들아"라고 말씀하실 때는 말 그대로 모든 사람을 의미합니다.

하나님은 외향적인 사람만 큰 소리로 찬양하라고 말씀하지 않으셨습니다. 또 우리가 큰 소리로 찬양하고 싶을 때나 우리 성격에 맞을 때만 그렇게 하라고 말씀하지 않으셨습니다.

오늘날 사람들의 모습은 참 흥미롭습니다. 미식축구 경기장에서 선수가 단순히 공을 들고 달려 선을 넘으면 심판은 그 팀에 득점을 선언하고 모든 관중이 열렬히 환호합니다. 이 일이 누군가의 삶을 크게 바꾸지는 않지만, 경기장의 사람들은 손뼉을 치고 승리의 함성을 외칩니다. 한번 생각해 보세요. 예수님의 보혈로 구원받아 어둠과 지옥의 권세에서 해방된 사람들이 있습니다. 우리는 주님의 성령으로 충만하고 하나님의 능력이 그 안에 거하는 사람들을 신자라고 부릅니다. 신자들은 하나님을 예배하기 위해 모여서는 "할렐루야"라고 소리 높여 외치지 않으면서 스포츠 경기장에서는 가장 큰 소리로 외칩니다. 사도 야고보의 말처럼, "내 형제들아, 이것이 마땅하지 아니하니라."(약 3:10)

스포츠 경기에서 큰 소리로 외치는 것이 잘못은 아닙니다. 다만 교회에서 하나님을 향해 찬양의 함성을 외치는 것이 더 중요할 뿐입니다! 우리가 응원하는 팀이 잘할 때 손뼉 치는 건 잘못된 게 아닙니다. 다만 우리를 구원하신 주님께 손뼉 치는 게 더 중요할 뿐입니다! 우리가 좋아하는 팀이 결승전에서 승리했을 때 기뻐하는 건 잘못된 게 아닙니다. 다만 우리가 그리스도 예수님을 통해 승리자가 되었다는 사실을 기뻐하는 게 더 중요할 뿐입니다!

⁴ 스물네 장로와 네 생물이 보좌에 앉아 계신 하나님께 엎드려 경배하고, "아멘, 할렐루야" 하고 말하였습니다. ⁵ 그 때에 그 보좌로부터 음성이 울려왔습니다. "하나님의 모든 종들아, 하나님을 두려워하는 사람들아, 작은 자들과 큰 자들아, 우리 하나님을 찬양하여라." ⁶ 또 나는 큰 무리의 음성과 같기도 하고, 큰 물소리와 같기도 하고, 우렁찬 천둥소리와 같기도 한 소리를 들었습니다. "할렐루야, 주 우리 하나님, 전능하신 분께서 왕권을 잡으셨다." (요한계시록 19:4~6, 새번역)

요한계시록 19장에 나오는 모습을 보면, 천국이 시끄러운 곳임을 알 수 있습니다. 천국의 찬양은 "우렁찬 천둥"처럼 들립니다. 많은 사람이 천국은 조용하지 않다는 사실에 놀랄 것입니다. 천국은 역동적인 찬양으로 가득합니다. 먼저 천국에 간 믿음의 선진과 수많은 천군 천사가 함께 지극히 높으신 주님께 영광과 존귀를 돌리는 소리가 천국 전체에 울려 퍼집니다.

일반적인 그리스도인에게 천국에 가서 무엇을 할지 물어보면 대부분 "영원히 주님을 찬양합니다"라고 대답합니다. 놀랍게도 그렇게 대답한 많은 신자가 막상 교회 예배에서는 단 30분 간의 찬양 시간도 온전히 참여하기 힘들어합니다. 신자들이 천국에 가면 영원히 하나님을 예배한다고 해서 이 땅에서는 안 해도 된다는 의미는 아닙니다. 지금 이 땅에서부터 찬양을 시작해야 합니다. 또한 천국의 찬양이 매우 큰 소리로 드려지는 것처럼 이 땅에서 부르는 찬양도 천국에서처럼 큰 소리로 드려야 합니다.

왜 그럴까요? 하나님이 그런 찬양을 좋아하시기 때문입니다! 성경은 우리가 두려움이나 소심함이 아닌 담대함으로 보좌에 나아가야 한다고 가르칩니다. 우리는 자격 없다는 생각으로 손과 무릎으로 기어 천국의 뒷문으로 몰래 들어가는 사람들이 아닙니다. 우리는 예수님의 보혈로 구원받은 하나님의 자녀가 된 것과 마귀가 우리 발아래 있다는 사실에 기뻐하며 담대히 보좌로 나아갑니다!

> 그러므로 우리는 긍휼하심을 받고 때를 따라 돕는 은혜를 얻기 위하여 은혜의 보좌 앞에 담대히 나아갈 것이니라 (히브리서 4:16)

성경에서 '찬양'으로 번역하는 주요 히브리어는 '할랄'입니다. '할렐루야'라는 단어가 할랄에서 유래했습니다. 할랄은 소란스러울 정도로 어리석다는 뜻입니다. '소란스럽다'라는 의미는 시끄럽고 귀청이 떨어질 정도의 소음을 의미합니다. 결론적으로 찬양은 크고 요란한 소리입니다. 찬양은 부드럽지 않습니다. 찬양은 감미롭지 않습니다. 찬양은 요란합니다! 찬양은 시끌벅적합니다!

시편 149:5은 성도들이 "그들의 침상들 위에서 큰 소리로 노래할지어다(한글킹)"라고 말합니다. 나는 이 말씀이 문자 그대로 우리가 침대에 누워 큰 소리로 노래해야 한다는 의미라고 생각하지 않습니다. 이 구절에는 하나님이 큰 소리를 좋아하신다는 진리에 더욱 무게를 두고 있습니다. "큰 소리로 노래할지어다"는 히브리어 '라난'을 번역한 것으로 날카로운 소리를 낸다는 의미입니다.

"침상"이라는 단어는 히브리어 '미쉬카브'로서 완곡한 표현의 육체적 관계를 의미합니다. 물론 시편 기자는 문자 그대로의 '미쉬카브'가 아닌 본문의 맥락대로 찬양과 경배를 말하는 것입니다. 따라서 시편 기자가 성령의 감동을 따라 사용한 "침상"이라는 의미의 '미쉬카브'라는 단어는 우리가 주님을 찬양하고 경배할 때 일어나는 영적 교환 또는 친밀한 교제를 의미합니다.

주님은 우리가 찬양으로 주님과 친밀한 교제를 나눌 때 조용하거나 소심하면 안 된다고 말씀하십니다. 찬양과 경배에서 감사와 찬양을 큰 소리로 표현하는 것을 두려워하지 마십시오. 하나님은 큰 소리를 좋아하십니다!

두 번째 원칙

우리는 승리자로서 찬양합니다. 우리는 승리를 얻기 위해 찬양하지 않으며 승리했기 때문에 찬양합니다. 우리는 하늘에서 그리스도와 함께 앉습니다. 만물이 주님의 발아래 있는 것처럼 우리 발 아래에도 있습니다! 성경은 승리의 소리로 함성을 외치라고 말합니다. 승리의 소리는 이미 이긴 사람의 소리입니다. 승리의 소리는 성공의 소리입니다. 승리의 소리는 믿음으로 "나는 넉넉히 이겼다"라고 담대히 선포하며 외치는 소리입니다.

오늘날 많은 신자가 영적 전쟁을 오해합니다. 영적 전쟁은 무방비 상태로 적에게 두들겨 맞는 것이 아닙니다. 영적 전쟁은 하나님 나라를 더욱 확장하기 위해 전쟁 무기를 들고 싸우는 것입니다. 영적 전쟁은 그리스도 예수 안에서 신자가 취해야 할 공격적인 자세로, 우리에게 주어진 권위를 취하여 이 땅에서 강력하게 실행하는 것입니다. 비록 원수가 사악한 전술로 우리를 대적할지라도 우리는 여전히 믿음으로 일어나 입으로 하나님을 높이 찬양하고 찬양의 함성을 외치며 모든 상황에서 우리를 승리하게 할 성령의 검을 들고 원수와 맞섭니다. 이것이 바로 영적 전쟁입니다.

우리는 승리하기 위해 찬양하는 것이 아니라 승리했기 때문에 찬양한다는 것을 이해하십시오. 사도 바울은 우리가 넉넉히 이겼으며(롬 8:37), 또한 우리로 항상 이기게 하시는 하나님께 감사드린다고 말했습니다(고후 2:14). 우리는 언젠가 승리하는 것이 아니라 이미 승리했습니다. 이런 이해가 영적인 영역에서 우리 찬양이 능력을 갖추게 합니다.

우리는 이미 모든 영역에서 승리했습니다. 예수님이 이미 완성하신 승리를 우리에게 주셨기 때문에 더 이상의 승리는 필요하지 않습니다. 우리에게 필요한 것은 이미 소유한 승리를 온전히 나타내는 것입니다. 찬양은 하나님이 주신 영적 무기 중 하나로, 우리 삶에 하나님이 주신 승리를 드러내는 도구입니다. 찬양은 이미 우리가 소유한 승리를 눈에 보이도록 표현하는 것입니다. 우리 입술로 하나님을 높이 찬양하며 손에 성령의 검을 들고 나아갈 때 승리가 현실이 됩니다!

세 번째 원칙

하나님은 두려우신 분이므로 찬양받기 합당하십니다. 시편 47:2은 "지존하신 여호와는 두려우시고"라고 선포합니다. "두려우시다AWESOME"라는 말은 문자 그대로 하나님을 두려워하며 경외해야 한다는 뜻입니다. 오늘날 교회에는 거룩하신 하나님을 더욱 경외해야 합니다. 은혜와 사랑의 가르침 속에서 많은 사람이 하나님이 경외 받으실 분이라는 사실을 잊어버렸습니다. 주님은 우리 아버지이시지만 그보다 먼저 하나님이십니다.

성경의 첫 절은 주님을 하나님으로 계시합니다. 나는 개인적으로 그리스도인은 주님을 아버지로서 제대로 받아들이기 전에 먼저 주님이 하나님이라는 사실을 이해해야 한다고 믿습니다. 하나님을 가리키는 히브리어는 '엘로힘'입니다. 이 단어는 최고 통치자이자 재판장을 의미합니다. 효과적인 찬양은 주님이 하나님이시며, 온 땅의 최고 통치자라는 계시를 나타냅니다. 하나님이 온 땅을 통치하십니다!

안타깝지만, 일부 신자들은 "산타클로스 예수" 사고 방식에 머물러 있습니다. 그들은 하나님이 단지 우리를 기분 좋게 하고 높은 자존감을 주기 위해 존재하는 분이라고 믿습니다. 이 사람들이 믿는 하나님은 절대 우리를 꾸짖거나 훈계하지 않으시며, 불순종의 결과를 겪게 하지 않으신다고 생각합니다. 산타클로스 예수님은 구원받은 사람들의 행동이나 잘못된 결정에 상관없이 모든 이에게 장난감과 사탕을 나눠주기 위해 계신다고 생각합니다. 여러분, 이것은 사실이 아닙니다. 비록 주님은 우리가 상상하는 것보다 더 우리를 사랑하시지만, 그 사랑으로 우리를 교정하시고 때로는 훈계하십니다.

나는 아버지의 사랑을 확실히 느낄 수 있는 가정에서 자랐습니다. 아버지는 가족을 부양하기 위해 매일 열심히 일하셨으며 우리에게 직접 사랑한다고 자주 표현하셨습니다. 부모님은 내가 참여하는 모든 활동에 항상 관심이 많았습니다. 하지만 동시에 나는 반드시 아버지의 말씀을 따라야 하며 그렇지 않으면 불순종의 결과를 받아들여야 한다는 것을 알았습니다. 나는 아버지를 두려워하면서도 존경했습니다. 아버지가 나를 사랑하시는 것을 알았고 나 또한 아버지를 사랑했지만, 여전히 바르게 살아야 한다는 건강한 두려움이 있었습니다. 나는 아버지가 우리 가정의 최고 권위자라는 사실을 잘 알았습니다.

현대 교회에 만연한 죄는 사람들이 지극히 높으신 주님을 두려움과 경외 받으실 분이라는 사실을 간과했기 때문에 일어납니다. 우리가 하나님의 참된 자녀로 살아가려면 하나님을 바르게 이해해야 합니다. 하나님이 두려움과 경외 받으실 분이심을 깨달을 때, 사람들은 죄짓기를 멈춥니다. 신자가 정결한 삶을 살 때, 말라기 선지자가 선포한 것처럼 유다의 제물이 주님께 기쁨이 됩니다(말 3:4).

부정한 그릇으로 올려드리는 찬양은 능력이 없습니다. 지옥의 세력을 결박하는 강력한 찬양을 드리는 열쇠는 삶에서 죄를 제거하고 주님 앞에 정직하게 사는 것입니다. 주님이 두려우신 분임을 깨달을 때 이를 경험할 수 있습니다.

하나님이 우리 찬양을 받으시기에 합당하시다는 사실은 대부분의 그리스도인에게 낯선 개념이 아닙니다. 우리에게는 주님이 찬양받기 합당하시다고 고백하는 노래가 많이 있습니다. 성경에도 주님이 찬양받기 합당하시다고 말하는 구절이 많이 있습니다. 문제는 많은 신자가 '하나님이 찬양받으시기 합당하시다'라는 말이 실제로 무슨 의미인지 잘 모른다는 점입니다.

영어에서 '합당하다'라는 단어의 어근은 '가치'를 의미합니다. 가치는 어떤 것이나 누군가에게 부여된 중요성을 말합니다. 우리는 감사와 찬양으로 주님의 가치를 표현합니다. 찬양은 주님이 우리 삶에 하신 일과 하시는 일의 가치를 표현하는 실천입니다. 그래서 온 마음을 드리지 않는, 하나님과 단절된 예배는 하나님이 우리 삶에 거의 가치가 없다고 말하는 것과 마찬가지입니다. 어떤 사람들이 주님을 찬양하고 예배하는 방식을 보면, 주님이 그들의 삶에 얼마나 가치가 있는지 의심스러울 정도입니다.

우리가 입술로 주님이 찬양받기 합당하시다고 말하려면 지극히 높으신 주님께 합당한 방식으로 진심을 담아 표현해야 합니다. 주님이 놀라우신 분이라고 믿는다면, 놀라운 방식으로 찬양해야 합니다. 주님이 지극히 높으신 분이라면, 높은 찬양[HIGH PRAISE]을 드려야 합니다. 주님이 하나님이시라면, 주님의 이름을 경건한 태도로 높여야 합니다.

주님이 우리를 위해 하신 모든 일을 생각하면 찬양은 우리가 주님께 드릴 수 있는 최소한의 예의입니다. 예수님이 나를 원수의 손아귀에서 구속하시려고 생명을 바치셨다는 사실만으로도 춤추고 기뻐하며 외치고 노래할 이유가 충분합니다. 우리는 분위기나 다양한 종류의 자극 없이도 예배할 수 있어야 합니다. 찬양과 경배는 마음에서 자연스럽게 흘러나와야 합니다. 지금 여러분께 권면합니다. 지극히 높으신 하나님, 놀라우신 주님께 합당한 찬양을 드리십시오!

네 번째 원칙

하나님이 우리 찬양 중에 통치하십니다. 시편 기자는 하나님이 "온 땅에 큰 왕이 되심이로다"라고 말합니다(시 47:2). 하나님이 왕이라는 사실은 왕국이 있으며, 왕국이 있다는 사실은 통치의 장소나 영역이 있다는 의미입니다. 예수님은 하나님 나라의 왕이시며 그 나라를 다스리십니다. 시편 기자가 하나님을 온 땅의 왕이라고 표현한 것이 무척 흥미롭습니다. 이것이 바로 다윗이 시편 24편에서 "땅과 거기에 충만한 것과 세계와 그 가운데에 사는 자들은 다 여호와의 것이로다"라고 말한 이유입니다.

또한 예수님이 제자들에게 "나라가 임하시오며 뜻이 하늘에서 이루어진 것 같이 땅에서도 이루어지이다"라고 기도하도록 가르치신 이유이기도 합니다(마 6:10). 우리는 이 성경 구절만으로도 하나님의 통치가 어떻게 온 땅에 실현되는지 알 수 있습니다.

그리스도 예수님이 왕으로 통치하신다는 이해로 시편 22:3을 같이 봅시다.

이스라엘의 찬송 중에 계시는 주여 주는 거룩하시니이다

우리는 이 구절에서 주님이 이스라엘의 찬양을 보좌로 삼아 앉으시는 모습을 봅니다. 보좌는 왕의 영역이며 또한 그 통치를 펼치는 자리입니다. 보좌는 왕을 최고 통치자로 인정하는 자리입니다. 우리 찬양 중에 하나님이 통치하십니다. 우리 찬양이 하나님이 앉으실 보좌를 만듭니다. 우리 찬양이 주님의 보좌가 되어, 주님이 권세와 능력으로 통치하십니다. 이 원칙을 보여주는 또 다른 성경 구절은 이사야 16:5입니다.

다윗의 장막에 인자함으로 왕위가 굳게 설 것이요 그 위에 앉을 자는 충실함으로 판결하며 정의를 구하며 공의를 신속히 행하리라 (이사야 16:5)

우리는 이 구절을 통해 주님이 다윗의 장막의 보좌에 앉으실 것임을 분명히 알 수 있습니다. 앞서 우리는 다윗의 장막의 회복이 찬양과 경배 사역에 미치는 의미를 보았습니다. 하나님은 다윗의 장막(찬양과 경배 사역)을 회복하시어 우리 손에 전쟁 무기를 들려주십니다. 위의 구절에서 우리는 다윗의 장막에 하나님의 보좌가 세워지며 하나님의 통치가 이루어지는 것을 봅니다. 주님의 영은 하나님이 통치하시는 곳이 바로 찬양과 경배의 자리임을 계시하십니다.

흥미롭게도 요한은 계시록에서 신자들을 왕과 제사장이라고 부릅니다(계 5:10, 20:6). 우리는 찬양이 모든 그리스도인의 제사장적 사역의 일부임을 압니다. 우리는 신자들의 제사장적 사역과 왕의 사역 사이에 연관성을 봅니다. 나는 이 둘이 같은 것이라고 믿습니다. 다시 말하면, 찬양과 경배 중에 제사장 사역과 왕의 사역이 동시에 나타납니다. 우리 찬양 중에 왕이신 예수님이 통치하기 시작하십니다. 우리 예배 중에 하나님의 보좌가 세워지고 통치가 나타납니다.

여호와께서 만민을 우리에게, 나라들을 우리 발 아래에 복종하게 하시며

(시편 47:3)

다섯 번째 원칙

우리는 찬양으로 원수를 정복합니다. 이 책 전체에서 찬양을 통한 영적 전쟁을 다루기 때문에 여기에서 영적 무기로서의 찬양에 관한 모든 성경 구절과 원리를 다루지는 않겠습니다. 다만 우리에게 더 깊은 이해를 줄 것이라고 믿는 한 구절을 소개합니다.

유다야 너는 네 형제의 찬송이 될지라 네 손이 네 원수의 목을 잡을 것이요 네 아버지의 아들들이 네 앞에 절하리로다 (창세기 49:8)

이 구절은 유다(찬양)가 원수의 목을 잡을 것이라고 합니다. 나는 이 구절이 "찬양은 영적 전쟁의 무기다"라는 예언적 선포임을 믿습니다. 찬양과 경배는 원수를 잠잠하게 합니다. 이 계시는 우리 찬양에 어둠의 세력을 타격하는 능력을 줍니다.

여섯 번째 원칙

우리는 찬양을 통해 유업을 받습니다. 시편 기자는 "우리를 위하여 기업을 택하시나니"라고 말합니다(시 47:4). 하나님은 예수님의 보혈의 공로로 구원받은 모든 사람을 위한 유업이 있다고 말씀하십니다. 그 유업은 이미 우리에게 주어졌지만, 우리가 취해야 합니다.

애굽에서 나온 이스라엘은 젖과 꿀이 흐르는 가나안 땅을 유업으로 받았습니다. 하지만 실제로는 그들 중 단 두 명만이 가나안을 소유했습니다. 히브리서 저자는 다른 모든 이스라엘 사람이 가나안 땅에 들어가지 못한 이유를 불신앙 때문이라고 말합니다 (히 3:19). 이스라엘의 불신앙이 하나님이 이미 주신 유업을 받지 못하게 방해했습니다.

이것을 생각하며 아브라함의 삶을 살펴봅시다.

[19] 그가 백 세나 되어 자기 몸이 죽은 것 같고 사라의 태가 죽은 것 같음을 알고도 믿음이 약하여지지 아니하고 [20] 믿음이 없어 하나님의 약속을 의심하지 않고 믿음으로 견고하여져서 하나님께 영광을 돌리며 (로마서 4:19~20)

어떤 성경은 아브라함의 믿음이 강해져서 하나님께 영광을 돌렸다고 하지만 다른 몇 가지 영어 성경(ESV, NRSV)은 아브라함이 하나님께 영광을 돌리면서 믿음이 강해졌다고 번역합니다. 아브라함의 믿음은 주님께 영광 돌리며 예배할 때 힘을 얻고 강해졌습니다. 다시 말하면, 아브라함은 찬양을 통해 얻은 힘과 믿음으로 유업을 받을 수 있었습니다.

아브라함은 얼마든지 의심하고 믿음이 흔들릴 수도 있었지만 그러지 않았습니다. 우리가 특별히 주목해야 할 점은 아브라함이 약속의 성취를 기다리면서 의심하거나 불신에 빠지지 않았으며 계속해서 하나님께 영광을 돌렸다는 점입니다. 찬양이 아브라함을 유업으로 인도했습니다. 할렐루야!

이것은 오늘날 모든 신자가 이해해야 할 영적 원리입니다. 찬양은 우리가 삶 속에서 우리가 받은 유업을 단지 약속으로만 놔두지 않고 현실이 되게 합니다. 우리가 불평하는 대신 하나님께 영광 돌리기를 선택하고 찬양한다면 우리 입에서 의심의 말이 나올 틈이 없을 것입니다. 걱정하는 대신 예배하기를 선택한다면 두려움과 불신앙에 빠지지 않을 것입니다.

아브라함은 하나님께 영광을 돌리기 위해 매 순간 선택해야 했습니다. 때로는 기분이 좋지 않아 하나님께 영광 돌리고 싶지 않을 때도 하나님께 영광 돌렸습니다. 아브라함의 눈에 보이는 모든 상황이 마치 "네 유업을 포기해!"라고 외치는 것 같은 때가 있었을 것입니다. 또한 자녀가 없는 아브람이 많은 민족의 아버지라는 뜻을 가진 아브라함으로 이름을 바꾼 이유를 다른 사람들은 잘 이해하지 못했을 것입니다. 그럼에도 아브라함은 모든 상황에서 계속해서 하나님께 영광을 돌렸습니다.

우리도 가끔 찬양하고 싶지 않을 때가 있습니다. 주님 앞에 손을 들거나 기쁘지 않을 때도 있습니다. 하지만 나는 여러분을 격려합니다. 아브라함처럼, 우리도 주님을 찬양할 때 믿음이 강해져서 그 믿음이 우리를 유업으로 인도할 것입니다.

일곱 번째 원칙

우리가 하나님을 찬양할 때 하나님이 우리를 대신해서 일어나십니다.

하나님께서 즐거운 함성 중에 올라가심이여 여호와께서 나팔 소리 중에 올라가시도다 (시편 47:5)

여기서 "올라가시도다"라는 단어는 문자 그대로 격동되거나 일어난다는 뜻입니다. 하나님은 찬양 중에 일어나십니다. 하나님

125

이 일어나시기를 원한다면 하나님께 영광 돌리기 시작하십시오. 시편 기자는 "하나님이 일어나시니 원수들은 흩어지며"라고 말했습니다(시 68:1). 우리가 하나님을 찬양할 때 하나님이 우리 대신 일어나셔서 원수를 물리치십니다.

하나님은 우리가 찬양하는 방식으로 자신을 나타내신다는 것을 기억하십시오. 우리가 구원자이신 하나님을 찬양하면 하나님은 우리 삶에 구원자로 일어나십니다. 치유하시는 하나님을 찬양하면 치유가 나타납니다. 공급하시는 하나님을 찬양하면 풍성한 영광을 따라 우리 필요를 채우십니다.

많은 사람이 너무나 자주 돌파가 필요한 영역에서 하나님을 찬양하지 못합니다. 대신 그들은 찬양하기보다는 어렵거나 힘든 상황을 불평하며 찬양하기보다는 한탄하고 신음합니다. 그리스도인들은 너무나 쉽게 원수의 덫에 빠집니다.

나는 우리가 위와 같이 선택하지 않기를 바랍니다. 하나님을 찬양하고 예배할 때 하나님이 우리를 대신해서 일어나신다는 것을 알고 상황과 환경에 상관없이 찬양과 경배하기로 선택하십시오. 우리가 하나님께 영광을 돌릴 때 원수가 흩어지고 그리스도 예수 안에서 우리가 이미 얻은 승리가 실제로 나타난다는 것을 기억하며 하나님을 찬양하십시오.

하나님, 일어나셔서 원수를 흩으소서!

"우리는 승리하기 위해 찬양하는 것이 아니라 승리했기 때문에 찬양합니다. 우리는 언젠가 승리하는 것이 아니라 이미 승리했습니다. 우리에게 필요한 것은 이미 소유한 승리를 온전히 나타내는 것입니다."

SILENCING
THE ENEMY
W I T H
PRAISE

11장

춤추며 찬양하라 : 독사의 머리를 부수다

Crushing the Head of the Serpent

우리는 수많은 책을 통해 그리스도 예수 안에서 원수를 대적할 수 있는 우리의 지위와 영적 권위를 배웠습니다. 하나님의 말씀은 만물이 우리 발아래 있으며(고전 15:25) 악한 정사와 권세가 패배했다고 선포합니다(사 33:1). 이 모든 것이 사실이라면, 왜 계속 싸워야 합니까? 왜 이미 패배한 원수와 계속 전쟁해야 합니까?

첫째, 법적 지위와 실제 현실 사이의 차이를 이해해야 합니다. 법적 지위에서 마귀는 하나님의 자녀에게 아무런 권세를 사용할 수 없지만 실제로는 여전히 억압과 질병과 죄의 문제를 일으킵니다. 하지만 이것이 하나님의 진리를 바꾸지는 못합니다.

우리는 법적 지위의 영역에서 소유한 영적 권세를 실제 현실에서 사용하는 법을 배워야 합니다. "만물을 그 발아래에 복종하게 하셨느니라(히 2:8)"라고 쓴 사도 바울은 우리가 싸우고, 전쟁하며 무기를 들어야 한다고 기록했습니다. 또 사도 바울은 정사와 권세는 패배했지만, 우리는 여전히 그들과 씨름하고 있다고 말했습니다(엡 6:12). 우리가 법적 위치와 실제 현실 사이의 차이를 깨달아야 이 모든 말씀을 이해할 수 있습니다.

그리스도 예수 안에서 우리 영적 지위는 실제 현실에서 주님의 승리를 맛보게 합니다. 찬양, 예배, 기도, 하나님의 말씀은 우리 '법적 지위'에 따른 진리를 실제 현실로 가져오는 데 사용하는 도구이자 무기입니다. 로마서 16:20에서 바울은 이렇게 말합니다.

"평강의 하나님께서 속히 사탄을 너희 발 아래에서 상하게^{CRUSH} 하시리라."

나는 이 구절을 묵상하면서, 마귀가 단순히 내 발아래 있는 것과 내 발아래에 짓밟히는 것은 큰 차이가 있다는 사실을 깨달았습니다. 나는 마귀가 단순히 내 발 아래 있기를 원하지 않습니다. 나는 마귀가 내 발 아래서 완전히 짓밟히기를 원합니다! 우리는 어떻게 마귀를 발 아래에 짓밟을 수 있을까요?

[2] 그러나 내 이름을 경외하는 너희에게는, 의의 태양이 떠올라서 치료하는 광선을 찬란하게 비출 것이니, 그때에 너희가 외양간에서 풀려난 송아지처럼 펄쩍펄쩍 기쁘게 뛰어다닐 것이다. [3] 또 그때에 너희가 악인을 짓밟을 것이다. 곧 장차 내가 정한 그날이 오면, 모든 악인들은 너희 발바닥 밑의 재 같은 신세가 될 것이다. 이것은 나 전능한 만군의 주의 말이다. (말라기 4:2~3, 쉬운말)

이 말씀은 우리가 외양간에서 풀려난 송아지처럼 뛰어오를 것이라고 말합니다. 이 모습은 우리가 주님 앞에서 어떻게 기뻐해야 하는지를 설명하는 탁월한 비유입니다. 아마 여러분이 로데오 경기를 본 적이 있다면 이해하기 쉬울 것입니다. 외양간의 문이 열리면 황소가 뛰쳐나와 힘차게 뛰어오릅니다.

말라기 선지자는 이 구절에서 우리가 주님 앞에서 주의 이름을 찬양하며 뛰고 춤추기 시작할 때 악인을 짓밟을 것이라고 예언합니다. 무언가를 짓밟는다는 것은 그것을 발아래 두는 행위를 의미합니다. 무언가를 짓밟을 때는 머리나 손이 아닌 발로 짓밟습니다. 그래서 우리는 외양간에서 풀려난 송아지처럼 뛰어오르면서 악인(마귀)을 발아래 짓밟습니다. 웹스터 사전은 짓밟다를 "무겁게 밟아 으깬다"라고 정의합니다. 우리가 기쁨으로 춤추며 전진할 때 마귀가 우리 발아래서 으깨집니다.

말라기 선지자는 계속해서 악인이 "너희 발바닥 밑에 재와 같으리라"라고 말합니다(3절). 이 구절을 통해 우리는 주님 앞에서 뛰고 춤추면서 발로 영적 전쟁할 수 있음을 알 수 있습니다. 주님 앞에서 추는 춤에는 목적이 있습니다. 단지 은사주의적인 표현으로 춤추는 것이 아니라 성경이 춤추라고 말하기 때문에 주님 앞에서 춤을 추며, 그렇게 함으로써 뱀의 머리를 짓밟습니다. 우리는 그리스도 예수 안에서 우리가 얻은 승리를 축하하며 춤을 춥니다. 시편 149:3은 "춤추며 그의 이름을 찬양하며"라고 말합니다.

춤만 원수를 짓밟는 유일한 방법은 아닙니다. 그러나 춤추고 기뻐하는 행위는 우리가 영적 전쟁을 하면서 뱀의 머리를 상하게 하는 성경적인 방법입니다.

에스겔 28:11~19에서 하나님은 사탄을 향해 "너를 땅 위에 재가 되게 하였도다"라고 선포하며 예언하십니다(18절). 하나님은 어떻게 마귀를 재로 만드실까요? 나는 하나님이 이 말씀을 이루시기 위해 교회를 사용하신다고 믿습니다. 말라기 4:2~3에 따르면, 우리가 외양간에서 풀려난 송아지처럼 나가서 뛰놀 때 악인, 즉 마귀를 우리 발 아래 재처럼 만드십니다! 우리가 기뻐하고 춤추며 전진할 때 마귀가 재로 변하는 모습을 보게 될 것입니다.

찬양과 원수를 짓밟는 행위의 관계에 관한 또 다른 성경 구절을 살펴봅시다.

> [3] 내가 목자들에게 노를 발하며 내가 숫염소들을 벌하리라 만군의 여호와가 그 무리 곧 유다 족속을 돌보아 그들을 전쟁의 준마와 같게 하리니 [5] 싸울 때에 용사 같이 거리의 진흙 중에 원수를 밟을 것이라 여호와가 그들과 함께 한즉 그들이 싸워 말 탄 자들을 부끄럽게 하리라 (스가랴 10:3,5)

우리는 유다라는 이름의 뜻이 찬양인 것을 압니다. 스가랴서 말씀에서 우리는 하나님이 유다 족속을 주님이 쓰실 "왕실 군마"로 만드시는 모습을 봅니다. 우리는 만군의 여호와께서 전쟁터에 타고 나가실 말입니다. 이 구절은 계속해서 주님을 찬양하는 자녀들이 원수를 짓밟는 용사가 될 거라고 말합니다. 우리가 춤추며 하나님을 찬양할 때 우리 발은 원수의 머리를 짓밟을 것입니다.

어떤 이유에서인지 춤과 표현적 예배EXPRESSIVE WORSHIP의 영역은 그것을 이해하지 못하는 사람에게 많은 비판을 받습니다. 어떤 사람들은 "영으로 추는 춤"과 "육신으로 추는 춤" 같은 용어로 논란을 일으켰습니다. 오순절 교회 출신의 신자는 이 표현이 무슨 의미인지 압니다. 나도 오순절 배경에서 신앙생활을 시작했기 때문에 이 말의 의미를 잘 압니다. 많은 오순절 교회가 성령이 역사하지 않는 한 주님 앞에서 춤추면 안 된다고 가르칩니다. 많은 사람이 자신의 의지로 추는 춤을 육신에 속한 행위로 여깁니다. 잘 짜인 안무 역시 "육신에 속한 것"으로 여깁니다.

나는 지금도 왜 하필 발이 지적을 받는지 정확한 이유를 모르겠습니다. 아마도 원수가 하나님의 자녀들이 춤으로 찬양할 때 풀어지는 능력을 보지 못하게 하려는 것일지도 모릅니다.

성경에서 야고보서는 혀를 몸에서 가장 더러운 지체라고 말합니다. 하지만 나는 "육신으로 노래한다!"라고 비난하는 사람을 본 적이 없습니다. 우리는 어떻게 노래합니까? 특별한 성령님의 인도하심이 없어도 그저 가사를 보고 입을 열어 노래하기 시작합니다. 우리가 몸에서 가장 더러운 지체인 혀로 이렇게 자연스럽게 하나님을 찬양할 수 있다면, 우리의 의지로 하나님 앞에서 추는 춤은 얼마나 더 쉬울까요?

종교의 영은 다른 사람의 찬양과 경배를 육신적이라고 판단하고 비판하는 태도를 불러일으킵니다. 이런 종류의 비난은 그리스도의 몸을 세우지 않고 오히려 혼란이 더 심해지도록 부추기기만 합니다. 하나님은 우리를 자유하도록 부르셨습니다.

주는 영이시니 주의 영이 계신 곳에는 자유가 있느니라 (고후 3:17)

사울의 딸이자 다윗의 아내인 미갈은 다윗이 언약궤를 들여오면서 여호와의 임재 앞에서 춤추는 모습을 보고 업신여겼기 때문에 평생 아이를 가질 수 없었습니다(삼하 6:16). 우리가 다른 사람의 찬양과 경배를 비판적인 눈으로만 본다면 우리 자신의 삶과 사역도 메마르고 열매 맺지 못할지도 모릅니다.

확실히 미갈은 창문의 잘못된 쪽에 있었습니다. 미갈은 창문 안에서 남편 다윗이 춤추는 모습을 보고 업신여기는 대신 창문 밖에서 다윗과 함께 춤추어야 했습니다. 미갈은 다윗을 비판하는 대신 다윗과 함께 예배해야 했습니다. 우리는 예배와 춤의 영역에서 지금까지 어떤 선택을 했습니까? 앞으로는 어떤 선택을 하시겠습니까?

기드온이 미디안 족속을 이긴 이야기에서 우리는 매우 흥미로운 점을 발견합니다. 기드온과 그의 군대가 나팔을 불고 항아리를 깨트리며 함성을 외치자, 미디안 군대는 공포에 질려 도망쳤습니다. 일부 미디안 군사들은 서로를 공격하여 죽이기까지 했습니다.

삼백 명이 나팔을 불 때에 여호와께서 그 온 진영에서 친구끼리 칼로 치게
하시므로 적군이 도망하여 스레라의 벧 싯다에 이르고 또 답밧에 가까운
아벨므홀라의 경계에 이르렀으며 (사사기 7:22)

미디안 군대는 아벨므홀라의 경계까지 도망쳤습니다. 즉, 아
벨므홀라에서 이스라엘의 최종 승리가 이루어졌습니다. 아벨므
홀라는 "춤의 평원"이라는 의미입니다. 우리가 주님 앞에서 기쁨
으로 춤추며 전진할 때 원수 마귀가 우리 발 아래 짓밟힙니다.

교회는 적극적으로 공격하는 위대한 군대입니다. 우리의 집중
적인 공격에 마귀가 도망칩니다. 마귀를 아벨므홀라까지 추격하
여 기쁨의 춤과 찬양으로 우리 발 아래 짓밟아 버립시다!

"찬양, 예배, 기도, 하나님의
말씀은 우리 '법적 지위'에 따
른 진리를 실제 현실로 가져오
는 데 사용하는 도구이자 무기
입니다."

135

SILENCING
THE ENEMY
W I T H
PRAISE

12장

음악에 맞춰 예정하신 몽둥이를 치실 때

Every Stroke Will Be to the Music

[30] 여호와께서 그의 장엄한 목소리를 듣게 하시며 혁혁한 진노로 그의 팔의 치심을 보이시되 맹렬한 화염과 폭풍과 폭우와 우박으로 하시리니 [31] 여호와의 목소리에 앗수르가 낙담할 것이며 주께서는 막대기로 치실 것이라 [32] 여호와께서 예정하신 몽둥이를 앗수르 위에 더하실 때마다 소고를 치며 수금을 탈 것이며 그는 전쟁 때에 팔을 들어 그들을 치시리라 (이사야 30:30~32)

정말 강력한 말씀입니다! 이번 장에서는 영적 전쟁에서 예언적 음악의 역할을 살펴봅시다. 우리는 예언의 말씀이 사람을 세우고, 권면하고, 위로하며 기름 부음 받은 음악이 사람의 영혼과 정신을 치유할 수 있음을 배웠습니다. 더 나아가 하나님은 우리에게 주님의 예언적 음성과 기름 부음 받은 예언적 음악이 원수와 싸우는 전쟁 무기임을 알려주기를 원하십니다.

하나님은 예레미야에게 이렇게 말씀하셨습니다.

[9] 여호와께서 그의 손을 내밀어 내 입에 대시며 여호와께서 내게 이르시되 보라 내가 내 말을 네 입에 두었노라 [10] 보라 내가 오늘 너를 여러 나라와 여러 왕국 위에 세워 네가 그것들을 뽑고 파괴하며 파멸하고 넘어뜨리며 건설하고 심게 하였느니라 하시니라 (예레미야 1:9~10)

여호와의 말씀이 이루실 여섯 가지 일 중에 네 가지가 파괴적이라는 점에 주목합시다. 예언의 말씀은 우리를 세우고 권면할 뿐만 아니라 어둠의 세력을 뿌리 뽑고 무너뜨리기 위해 역사합니다. 우리를 축복하는 말씀이 원수를 파괴합니다. 예언의 말씀은 원수의 일을 파괴하는 능력이 있습니다. 그래서 바울은 디모데에게 예언으로 선한 싸움을 싸우라고 했습니다(딤전 1:18). 분명히 바울은 영적 전쟁에서 예언의 말씀을 사용하도록 계시를 받았습니다. 이것을 염두에 두고, 예언적인 노래PROPHETIC SONG가 무엇인지 알아봅시다.

[18] 술 취하지 말라 이는 방탕한 것이니 오직 성령으로 충만함을 받으라 [19] 시와 찬송과 신령한 노래들로 서로 화답하며 너희의 마음으로 주께 노래하며 찬송하며 [20] 범사에 우리 주 예수 그리스도의 이름으로 항상 아버지 하나님께 감사하며 (에베소서 5:18~20)

바울은 시와 찬송과 신령한 노래라는 세 가지 노래를 나열합니다. 여기에서는 마지막 항목인 신령한 노래, 영적인 노래에 초

점을 맞춥시다. 신령한 노래는 문자 그대로 "성령의 노래"입니다. 이 노래는 찬양, 예언, 전쟁, 치유, 구원의 노래입니다. 이 노래들은 영감을 받아 자연스럽게 우러나온다는 점에서 본질적으로 예언적 성격을 띱니다. 또 하나님이 교회를 통해 노래하시며 주님의 마음과 뜻을 표현한다는 점에서도 예언적입니다.

성경에는 여섯 가지 다른 유형의 예언적, 영적인 노래를 찾아볼 수 있습니다. 이제 각 노래를 개별적으로 논의하면서 특히 마지막 두 가지에 주목하겠습니다.

주님의 노래(여호와의 노래)

첫 번째는 "주님의 노래(또는 여호와의 노래)"입니다(대하 29:27). 주님의 노래는 말 그대로 노래로 하는 예언입니다. 노래를 통해 "주님이 이렇게 말씀하십니다"라고 선포합니다. 이 노래는 예언과 같은 목적으로 교회와 신자를 권면하며 위로합니다(고전 14:3).

> 너의 하나님 여호와가 너의 가운데에 계시니 그는 구원을 베푸실 전능자
> 이시라 그가 너로 말미암아 기쁨을 이기지 못하시며 너를 잠잠히 사랑하
> 시며 너로 말미암아 즐거이 부르며 기뻐하시리라 하리라 (스바냐 3:17)

이 말씀은 주님이 우리를 기뻐하실 뿐만 아니라 노래하신다는 사실을 알려줍니다. 우리 하나님이 노래하신다는 사실을 많은 사람이 모릅니다. 주님은 교회를 향해 노래하기를 원하십니다.

시편 91편에서도 주님이 노래하시는 모습을 볼 수 있습니다. 시편 91편의 시작 부분에서 시편 기자는 주님을 찬양하며 하나님이 우리 요새라고 선포합니다. 하지만 시편의 끝부분에 이르면 노래하는 주체가 바뀝니다.

[14] 하나님이 이르시되 그가 나를 사랑한즉 내가 그를 건지리라 그가 내 이름을 안즉 내가 그를 높이리라 [15] 그가 내게 간구하리니 내가 그에게 응답하리라 그들이 환난 당할 때에 내가 그와 함께 하여 그를 건지고 영화롭게 하리라 [16] 내가 그를 장수하게 함으로 그를 만족하게 하며 나의 구원을 그에게 보이리라 하시도다 (시편 91:14~16)

"그가 나를 사랑한즉"이라고 말씀하시는 분이 하나님이라는 점에 주목합시다. 시작할 때는 시편 기자가 주님께 노래하지만, 마칠 때에는 주님이 시편 기자에게 노래하십니다. 하나님은 노래를 통해 시편 기자에게 주님이 하실 일을 예언적으로 선포하십니다. 우리 주님은 자녀들에게 노래하는 하나님이십니다.

아버지께 드리는 주님의 노래

두 번째 유형의 예언적 노래도 주님의 노래이지만, 교회를 향한 노래가 아닌 "아버지를 향한 노래"입니다. 이 노래는 예언적 찬양과 경배이자 사랑을 담은 노래로서 어떤 사람들은 이 노래를 두고 '새 노래를 부른다'라고 표현합니다.

이르시되 내가 주의 이름을 내 형제들에게 선포하고 내가 주를 교회 중에서 찬송하리라 하셨으며 (히브리서 2:12)

이 말씀의 주체는 회중 가운데서 아버지께 찬양을 부르시는 예수님입니다. 어떻게 그렇게 하실까요? 예수님은 몸 된 교회를 통해 아버지를 찬양하십니다.

신랑의 노래

세 번째 유형의 예언적 노래는 "신랑의 노래"입니다. 요한계시록 19:7에서 성경은 교회를 신부라고 부릅니다. 신랑은 예수님입니다. 우리는 아가서에서 아름다운 신랑의 노래를 볼 수 있습니다. 대부분의 성서학자는 아가서가 그리스도와 교회의 관계를 상징한다고 말합니다. 우리는 아가서에서 신랑이 신부에게 사랑의 노래를 부르는 낭만적인 모습을 봅니다. 신랑의 노래는 주님의 노래와 비슷하고 보통 신부를 향한 사랑의 노래이며, 그 후에 신부의 노래가 이어집니다.

10 여호와께서 이와 같이 말씀하시니라 너희가 가리켜 말하기를 황폐하여 사람도 없고 짐승도 없다 하던 여기 곧 황폐하여 사람도 없고 주민도 없고 짐승도 없던 유다 성읍들과 예루살렘 거리에서 11 즐거워하는 소리, 기뻐하는 소리, 신랑의 소리, 신부의 소리와 및 만군의 여호와께 감사하라, 여호와는 선하시니 그 인자하심이 영원하다 하는 소리와 여호와의 성전에 감

사제를 드리는 자들의 소리가 다시 들리리니 이는 내가 이 땅의 포로를 돌려보내어 지난 날처럼 되게 할 것임이라 여호와의 말씀이니라 (예레미야 33:10~11)

신부의 노래

네 번째 유형의 예언적 노래는 "신부의 노래"입니다. 이 노래는 신랑의 노래에 대한 응답으로 사랑과 경배가 가득 담긴 즉흥적인 예언적 노래입니다. 이 유형의 예언적 노래는 보통 신랑의 사랑에 반응하는 신부의 친밀하고 깊은 사랑의 노래이며 교회가 신랑이신 예수님을 향한 깊은 사랑을 하나님의 영을 통해 표현하도록 합니다.

구원의 노래

다섯 번째 유형의 예언적 노래는 "구원의 노래"입니다. 이 노래는 치유, 구원, 회복의 예언적 노래입니다. 이는 노래로 하는 지식의 말씀의 은사와 매우 비슷합니다.

주는 나의 은신처이오니 환난에서 나를 보호하시고 구원의 노래로 나를 두르시리이다 (셀라) (시편 32:7)

이 유형의 노래는 즉각적인 치유와 기적과 구원을 나타냅니다. 이 노래를 통해 주님은 원수의 세력을 제거합니다.

1988년 6월, 나는 조지아주 그리핀에서 주일 저녁 예배를 인도했습니다. 찬양과 경배를 가르친 후 키보드를 연주하며 예배를 인도하는 동안 하나님의 영이 나에게 구원의 노래를 부르라고 말씀하시는 것을 느꼈습니다. 있는 믿음을 다 긁어모아서 용기를 내어 노래했습니다. "여기 사고로 목의 척추뼈가 어긋난 분이 있습니다. 그 부위에 계속 통증이 있었습니다. 지금 주님의 손길이 그분 위에 임했으며 그 부위가 하나님의 능력으로 치유되고 있습니다."

사실 나는 내가 부른 노래가 정말 맞는지 알 수 없었고 그저 내 영으로 느낀 약간의 감동을 실천으로 옮겼을 뿐이었습니다. 예배가 끝날 무렵, 강당 뒤에 있던 한 여성이 앞으로 나와서 사모님에게 자신에게 일어난 일을 나누었습니다. 그리고 나중에 나에게도 같은 이야기를 했습니다.

"저는 자동차 사고를 당해서 목의 척추뼈 몇 개가 어긋났어요. 약을 많이 먹어야만 견딜 수 있을 정도로 계속 통증이 있었습니다. 하지만 목사님이 노래하기 시작했을 때, 따뜻한 손이 제 목에 얹어진 느낌이 들었어요. 그리고 목에서 뭔가가 '툭' 하더니, 모든 통증이 순식간에 사라졌습니다."

그해 10월 말, 그 교회의 목사님이 우리가 주최하는 컨퍼런스에 참석했습니다. 함께 차를 타고 가는 중에 목사님이 나에게 목의 치유가 역사했던 집회를 기억하냐고 질문했고 나는 "네"라고 대답했습니다. 목사님은 그 여성이 그날 밤 이후로 다시 통증을 겪지 않았다고 알려주었습니다. 할렐루야! 주님의 음성이 원수의 일을 산산조각 냈습니다. 구원의 노래가 그 목적을 이루었습니다. 구원의 노래가 원수의 압제에서 치유와 구원을 가져왔습니다.

예언적 전쟁의 노래

마지막 여섯 번째 유형의 예언적 노래는 "예언적 전쟁의 노래"입니다. 이 노래는 그리스도 예수 안에서 승리를 선포합니다. 이 노래는 정사와 권세와 이 세상 어둠의 주관자들과 하늘에 있는 악의 영들을 대적하여 영적 전쟁을 벌이는 데 목적이 있습니다. 이 노래는 우리가 아니라 원수를 향한 것이며 때로는 직접적으로 악한 세력의 이름을 구체적으로 부르기도 합니다. 한마디로 악한 세력을 향한 하나님의 심판을 예언하는 노래입니다.

[29] 너희가 거룩한 절기를 지키는 밤에 하듯이 노래할 것이며 피리를 불며 여호와의 산으로 가서 이스라엘의 반석에게로 나아가는 자 같이 마음에 즐거워할 것이라 [30] 여호와께서 그의 장엄한 목소리를 듣게 하시며 혁혁한 진노로 그의 팔의 치심을 보이시되 맹렬한 화염과 폭풍과 폭우와 우박으로 하시리니 [31] 여호와의 목소리에 앗수르가 낙담할 것이며 주께서는 막대기로 치실 것이라 [32] 여호와께서 예정하신 몽둥이를 앗수르 위에 더하실 때마다 소고를 치며 수금을 탈 것이며 그는 전쟁 때에 팔을 들어 그들을 치시리라 (이사야 30:29~32)

이 구절은 주님이 기쁨의 노래 중에 음성을 들려주신다고 기록합니다. "너희가…노래할 것이며", "마음에 즐거워할 것이라" 하나님은 찬양 중에 자녀들이 하나님의 장엄한 목소리를 듣게 하십니다. 계속해서 이사야는 주님의 음성이 어떤 일을 하는지 알려줍니다. "여호와의 목소리에 앗수르[원수]가 낙담할 것이며(31절)" 우리는 이 말씀에서 하나님의 음성이 예언적인 노래를 통해 나타나는 모습을 볼 수 있습니다. 킹제임스성경은 이 구절을 이렇게 번역합니다.

이는 주의 음성으로 인하여 앗시리아인이 맞으리니 그가 막대기로 치심이라

계속해서 이사야는 하나님의 영으로 "주께서 정하신 몽둥이를 그에게 내리실 때, 그것이 지나가는 곳마다 북과 하프가 함께 있으리니, 그는 휘두르는 싸움에서 그것으로 싸우시리라(32절 한글킹)"라고 말합니다. NIV 성경은 이 구절을 "모든 타격이 음악에 맞추어 이루어질 것"이라고 표현합니다. 다시 말하면 주님의 예언적 음성이 음악이나 노래로 나타날 때 원수가 떠나간다는 의미입니다. 이것이 바로 예언적인 노래, 예언적인 음악입니다.

31절에 "낙담할 것이며"라는 말씀을 킹제임스성경은 "맞으리니"라고 표현하는데, 이 단어는 히브리어 '하타트'로 "엎드리게 하다", "폭력이나 혼란과 두려움으로 무너뜨리다"라는 의미입니다. 이것이 이사야가 말하는 주님의 음성이 역사하는 방법입니다.

우리가 예언적으로 노래할 때 우리는 원수에게 일격을 가합니다. 우리는 예언적 노래로 원수의 진영을 혼란에 빠뜨리고 공포에 떨게 할 수 있습니다.

내가 예전에 인도한 예배를 기억합니다. 마치 아무도 찬양하지 않는 듯 보였고, 무언가가 사람들의 찬양을 막는 것 같았습니다. 자유나 해방감도 전혀 느껴지지 않았습니다. 나는 주님께 어떻게 해야 할지 물었습니다. 그 순간 주님은 나에게 예언적으로 노래하라고 말씀하셨습니다. 나는 주님께 대답했습니다. "하지만 주님, 저는 예언적으로 노래할 만한 감동이 아무것도 없습니다." 그러자 주님이 다시 말씀하셨습니다. "네 입을 열어라. 내가 채우겠다."

나는 입을 열고 "주님의 영이 말씀하시기를"이라고 예언적인 노래를 시작했습니다. 믿음으로 노래하기 시작하자 내 영에서 예언적인 말씀이 흘러나왔습니다. 예언적 노래가 나오자, 회중을 묶고 있던 악한 영이 "두들겨 맞았고" 예배에 자유가 풀어졌습니다. 그리고 모든 사람이 자신을 내려놓고 주님을 향해 온전히 찬양하며 예배했습니다. 정말 영광스러운 순간이었습니다.

하나님이 에스겔을 마른 뼈 골짜기로 데려가셨을 때(겔 37장) 에스겔은 예언의 말씀의 능력을 보았습니다. 하나님은 에스겔에게 마른 뼈들에 예언하라고 말씀하셨고, 에스겔이 예언하자 뼈에 살이 붙었고 생기가 임하도록 예언하자 마른 뼈가 큰 군대로 일어났습니다. 주님의 예언적인 말씀에는 부활의 능력이 있습니다!

우리가 볼 때는 마치 회중이 죽은 것처럼 보여도, 어떤 회중이라도 에스겔의 마른 뼈처럼 죽지는 않았을 것이라고 장담합니다. 주님의 말씀은 예배에 생명을 불어넣습니다.

또 다른 예배에서 기독교 국제 사역의 빌 해몬 박사는 특별한 전쟁 찬양과 중보기도 예배를 인도했습니다. 당시에 우리 사역은 정사PRINCIPALITY의 공격을 받는 중이었습니다. 기독교 국제 가족 교회의 공동 목사인 제인 해몬이 우리를 공격하는 정사의 이름을 예언적으로 받았는데 그 이름은 '라하바르'였습니다. 찬양과 경배의 어느 시점에서 우리는 한 목소리로 "라하바르, 너는 묶였고 지금 무너지고 있다"라고 말했습니다. 우리는 음악 연주에 맞춰 이 말을 힘차게 반복했고 승리의 함성으로 끝을 맺었습니다. 그리고 원수의 공격은 멈췄습니다. 우리가 성령님의 계시를 통해 하나님의 뜻을 깨닫고 이 정사를 향해 예언적으로 선포하고 노래하자 원수의 공격이 멈췄습니다. 바울은 에베소서 3장에서 이렇게 말합니다:

이는 이제 교회로 말미암아 하늘에 있는 통치자들과 권세들에게 하나님의 각종 지혜를 알게 하려 하심이니 (에베소서 3:10)

교회를 통해 하늘의 통치자들과 권세들에게 하나님의 지혜의 말씀을 알게 하신다는 사실에 주목합시다. 하나님은 교회인 우리에게 악한 권세와 정사들을 향해 주님의 말씀을 예언적으로 선포하여 악의 세력을 멸망시킬 책임과 권한을 주셨습니다.

우리에게 익숙한 다윗과 골리앗의 이야기를 살펴봅시다. 다윗은 블레셋 거인 골리앗 앞에 서서 이렇게 말했습니다.

[45] 다윗이 블레셋 사람에게 이르되 너는 칼과 창과 단창으로 내게 나아 오거니와 나는 만군의 여호와의 이름 곧 네가 모욕하는 이스라엘 군대의 하나님의 이름으로 네게 나아가노라 [46] 오늘 여호와께서 너를 내 손에 넘기시리니 내가 너를 쳐서 네 목을 베고 블레셋 군대의 시체를 오늘 공중의 새와 땅의 들짐승에게 주어 온 땅으로 이스라엘에 하나님이 계신 줄 알게 하겠고 [47] 또 여호와의 구원하심이 칼과 창에 있지 아니함을 이 무리에게 알게 하리라 전쟁은 여호와께 속한 것인즉 그가 너희를 우리 손에 넘기시리라 (사무엘상 17:45~47)

나는 골리앗을 향한 다윗의 선포가 단순한 믿음의 고백이 아니라 다윗의 내면에서 무언가가 일어나 골리앗에게 예언하기 시작했다고 믿습니다. 다윗이 "오늘"이라고 말한 것에 주목하십시오. 골리앗을 향한 다윗의 말이 매우 구체적인 이유는 일종의 예언적 선포였기 때문입니다. 다윗이 확신 있게 선포할 수 있는 이유는 하나님이 말씀이 있었기 때문입니다.

블레셋 거인은 우리가 직면하는 원수의 한 유형입니다. 하나님은 우리가 일어나서 우리를 괴롭히는 악한 세력에게 예언하기를 원하십니다. 비록 전쟁은 주님께 속했지만, 다윗은 나가서 거인과 맞서서 돌을 던지고 머리를 베어야 했습니다.

하나님이 우리에게 승리를 주시지만 우리도 다윗처럼 나가서 싸워야 합니다! 우리는 이 이야기에서 또 다른 강력한 진리를 발견합니다. 다윗은 이렇게 선포했습니다. "온 땅으로 이스라엘에 하나님이 계신 줄 알게 하겠고." 세상이 언제 하나님을 알게 될까요? 다윗이 골리앗을 죽인 후입니다! 세상이 교회에 하나님이 계신 줄 언제 알게 될까요? 우리가 에스겔이 예언한 대로 크고 강한 군대로서 성령의 능력으로 일어나, 이 땅을 지배하려는 악한 영적 거인들을 물리칠 때입니다.

사람들이 예수님을 믿지 않는 이유가 악한 영에 눈이 가려졌기 때문임을 기억해야 합니다(고후 4:4). 복음을 전하기 전에 먼저 영적 전쟁을 해야 합니다. 사람들의 눈을 가렸던 악한 영이 떠나갈 때 구원받을 수 있습니다. 이런 예가 신약성경 사도행전에 나옵니다. 전도 여행을 떠난 바울과 바나바가 구브로 섬에 도착하여 한쪽 끝에서 다른 쪽 끝까지 이동하는 과정에서 바보[PAPHOS]라는 도시의 바예수라는 유대인 마술사이자 거짓 선지자를 만났습니다. 이 사람은 총독 서기오 바울의 수행원이었습니다. 총독은 복음을 듣고 싶어서 바울과 바나바를 불렀지만, 바예수는 이를 기뻐하지 않았고 바울과 바나바를 대적했습니다.

⁹ 바울이라고 하는 사울이 성령이 충만하여 그를 주목하고 10 이르되 모든 거짓과 악행이 가득한 자요 마귀의 자식이요 모든 의의 원수여 주의 바른 길을 굽게 하기를 그치지 아니하겠느냐 ¹¹보라 이제 주의 손이 네 위에 있

으니 네가 맹인이 되어 얼마 동안 해를 보지 못하리라 하니 즉시 안개와 어

둠이 그를 덮어 인도할 사람을 두루 구하는지라 (사도행전 13:9~11)

바예수는 거짓 종교와 적그리스도의 영을 상징합니다. 바울은 바예수를 바라보며 주님의 말씀을 예언합니다. 하나님의 영이 바울 안에서 일어나서서 바예수에게 예언적 심판을 선포했습니다. 여기에서 우리는 다시 한번 악한 정사와 권세를 향해 예언하는 원리를 봅니다.

바예수는 오늘날의 편파적인 토크쇼 진행자나 언론인으로 가장하여 진실을 왜곡하고 거짓을 퍼뜨리는 많은 거짓 예언자와 같은 일을 했습니다. 바예수에게 일어났던 하나님의 심판이 오늘날의 거짓 예언자들에게도 일어날 수 있습니다. 바울이 선포한 예언의 말씀이 어떤 결과를 낳았는지 봅시다.

이에 총독이 그렇게 된 것을 보고 믿으며 주의 가르치심을 놀랍게 여기니

라 (사도행전 13:12)

바울의 예언적 선포에 하나님의 능력이 나타나 총독은 믿음을 가졌습니다. 총독은 일어난 일을 두 눈으로 보면서 전능하신 하나님이 바울과 함께하심을 알았습니다. 앞서 다윗이 골리앗에게 한 말을 기억하십시오. "내가 너를 쳐서 네 목을 베고…온 땅으로 이스라엘에 하나님이 계신 줄 알게 하겠고."

악한 정사와 권세를 향해 예언한 또 다른 예가 출애굽기 5장에 나옵니다. 바로 왕은 사람들을 속박하는 원수의 한 유형입니다.

> 그 후에 모세와 아론이 바로에게 가서 이르되 이스라엘의 하나님 여호와 께서 이렇게 말씀하시기를 내 백성을 보내라 그러면 그들이 광야에서 내 앞에 절기를 지킬 것이니라 하셨나이다 (출애굽기 5:1)

이 구절에서 우리는 모세와 아론이 애굽의 왕 바로 앞에 가서 주님의 말씀을 전하는 모습을 봅니다. 모세와 아론은 바로에게 설교하지 않았으며 하나님의 말씀을 예언했습니다.

나는 악한 권세에 예언하는 원칙의 타당성을 증명하기 위해 다양한 성경의 예를 제시했습니다.

우리는 여러 번 예배에서 악한 정사와 권세를 향해 예언적으로 노래했고, 이 노래들을 통해 원수에게 기록된 판결을 시행했습니다(시 149:9). 우리는 예언적 전쟁 노래의 결과로 놀라운 일이 일어나는 모습을 보았습니다.

예언적 전쟁 노래들은 종종 교창, 즉 응답 형태로 나타납니다. 군대의 가장 작은 단위인 분대^MILITARY SQUAD는 교창 노래에 맞춰 행진합니다. "교창^ANTIPHONAL"이라는 말은 두 단어에서 유래했습니다: '대항'을 의미하는 'anti'와 '소리'를 의미하는 'phonal'입니다. 예언적 교창 노래에서 우리는 말 그대로 공중 권세 잡은 정사와 권세에 대항하는 소리를 냅니다.

하나님은 우리에게 말씀하기를 원하시며 우리가 그 음성 듣기를 원하십니다. 사도 바울은 "예언하기를 사모하라"고 말했습니다 (고전 14:39). 만일, 이 말씀이 우리가 할 수 없는 일이라면 하나님의 영이 사도 바울을 통해 우리에게 말씀하지 않으셨을 것입니다. 이제 예언적인 노래로 주님의 음성을 선포합시다. 교회는 축복을 받고 세워지며, 어둠의 세력은 공포에 떨고 약해질 것입니다.

우리가 담대히 예언적인 노래를 부를 때 하나님의 영이 권능으로 풀어진다는 진리를 깨닫고 확신과 믿음으로 전진합시다.

"교회를 통해 하늘의 통치자들과 권세들에게 하나님의 지혜의 말씀을 알게 하신다는 사실에 주목합시다. 하나님은 교회인 우리에게 악한 권세와 정사들을 향해 주님의 말씀을 예언적으로 선포하여 악의 세력을 멸망시킬 책임과 권한을 주셨습니다."

SILENCING
THE ENEMY
W I T H
PRAISE

13장

예언적 전쟁의 노래

The Songs of Prophetic Warfare

하나님의 운동은 새로운 메시지가 담긴 새로운 노래와 찬송을 배출합니다. 우리는 지금 하나님의 예언적인 운동의 중심에 있습니다. 하나님은 이 시대에 큰 예언적 무리, 즉 하나님의 권능을 나타낼 성도들을 일으키십니다. 또한, 주님의 말씀을 노래로 풀어 놓는 예언적 작곡가의 무리를 일으키십니다. 영적 전쟁은 하나님의 영이 이 땅에 선포하고 풀어놓으시는 중심 메시지입니다.

나는 내가 하는 모든 일에 목적이 있다고 믿습니다. 목적이 없으면 아무것도 이루어질 수 없습니다. 나는 처음 노래를 쓰기 시작했을 때, 아무런 목적 없이 영감이 떠오르는 대로 곡을 썼습니다. 그러나 계속 곡을 쓰다 보니 주님은 나에게 곡 쓰는 방법을 신실하게 가르쳐 주셨고, 내 안에 있는 예언적 작곡의 은사를 일깨우라고 말씀하셨습니다. 그 이후로 나는 수백 곡의 노래를 썼습니다.

내가 자주 받는 질문은 "왜 공격적이고, 전투적인 노래를 불러야 하나요? 그냥 예수님을 향한 달콤한 사랑 노래만 부르면 안 되나요?"입니다. 매우 타당한 질문입니다. 나는 이 질문에 성경과 개인적인 경험으로 답하고자 합니다.

골로새서 3장은 전쟁 노래의 두 가지 목적을 담고 있습니다:

> 그리스도의 말씀이 너희 속에 풍성히 거하여 모든 지혜로 피차 가르치며
> 권면하고 시와 찬송과 신령한 노래를 부르며 감사하는 마음으로 하나님을
> 찬양하고 (골로새서 3:16)

전쟁 찬양의 첫 번째 목적은 **영적 전쟁의 성경적 진리를 가르치는 것**입니다. 전쟁 찬양은 보통 영적 전쟁을 언급하는 성경 구절을 포함합니다. 그중에는 우리가 잘 몰랐던 내용도 있습니다. 전쟁 찬양은 예수 그리스도 안에서 우리의 승리를 선포하면서 우리가 여전히 악한 세력과 싸우고 있다는 사실을 깨닫게 합니다. 군대의 목적은 싸우는 것입니다.

전쟁 찬양은 사람들의 종교적 교리에 도전합니다. 내가 쓴 모든 전쟁 찬양은 수많은 성경 구절을 담고 있습니다. 우리는 먼저 일부 구절이 아닌 하나님의 말씀 전체를 살펴보아야 합니다.

전쟁 찬양의 두 번째 목적은 **서로를 훈계**[ADMONISH]**하는 것**입니다. '훈계하다'라는 말은 "마음에 새기다"라는 뜻입니다. 다시 말해, 영적 전쟁의 진리가 우리 안에 굳건히 선 후에 전쟁 찬양을 부르

면서 그 진리를 다시 기억합니다. 베드로는 이렇게 말했습니다.

> 그러므로 너희가 이것을 알고 이미 있는 진리PRESENT TRUTH에 서 있으나 내가
> 항상 너희에게 생각나게 하려 하노라 (베드로후서 1:12)

우리가 이미 있는 영적 전쟁과 전쟁 찬양의 진리에 굳건히 서 있더라도, 여전히 계속해서 기억을 일깨울 필요가 있습니다. 전쟁 찬양을 부르면 우리 안에서 영적 전쟁의 진리와 목적이 다시 한번 분명해집니다.

전쟁 찬양의 세 번째 목적은 **권면하는 것**입니다. 헬라어로 '권면하다'라는 단어는 "가까이 부르다" 또는 "소환하다"라는 의미이며 "임무를 부여하다"라는 뜻도 있습니다. 전쟁 찬양을 부르는 것은 주님의 모든 용사와 군대가 나아오도록 소집하는 것입니다.

> 너희는 모든 민족에게 이렇게 선포하여라. "전쟁을 준비하여라! 용사들을 무
> 장시켜라. 군인들을 모두 소집하여 진군을 개시하여라! (요엘 3:9, 새번역)

교회는 단순히 모여서 교제만 하는 친목 단체가 아닙니다. 교회는 마귀와 악한 세력에 맞서 싸우는 군대입니다. 군대는 병사들을 모읍니다. 나는 많은 중보기도 팀이 기도하기 전에 예언적 전쟁 찬양을 틀어놓는다는 이야기를 들었습니다. 전쟁 찬양 음악은 중보자들의 영을 불일듯이 일으켜 전쟁할 수 있게 합니다. 이렇게 전쟁 찬양은 우리를 군사로써 싸우도록 권면합니다.

전쟁 찬양의 네 번째 목적은 **사람들이 주님을 찬양하게 하는 것**입니다. "찬양"으로 번역하는 주요 히브리어는 '할랄'입니다. 이 단어는 "선포하다, 과시하다, 자랑하다, 열광적으로 어리석게 행동하다"라는 의미입니다. 우리가 "전쟁의 용사"와 같은 노래를 부를 때, 우리는 우리가 믿는 하나님을 용사라고 선포합니다. 전쟁 찬양도 주님을 향한 찬양입니다. 그리스도 안에서 원수를 이긴다는 내용의 노래도 주님을 향한 훌륭한 찬양입니다.

"찬양"이라는 단어를 들으면 사람들은 대부분 시편을 떠올립니다. 용사 다윗이 하나님의 영으로 쓴 시편들을 읽어보면 매우 흥미롭습니다. 그 시편 중 일부는 악한 왕들을 죽이신 하나님을 찬양하며 심지어 그 왕들의 이름을 직접 부르기까지 합니다!

많은 시편에 하나님이 사람들을 멸하시고 그들의 이를 꺾으시며 대를 끊으시고 공포를 주며 수치를 입히시고 그들의 머리 위에 숯불을 내리시기를 간구하는 내용이 있습니다. 오늘날 우리가 부르는 전쟁 찬양들은 다윗이 쓴 시편에 비하면 오히려 얌전한 편입니다. 하지만 누구도 시편이 주님을 찬양하는 데 부적절하다고 이의를 제기하지 않습니다. 전쟁 노래^WARFARE SONG 는 주님을 찬양합니다.

우리가 주님의 말씀에 담긴 내용을 노래할 때 하나님이 영광을 받으십니다. 하나님을 찬양하기 위해 반드시 수직적인 노래만 불러야 하는 것은 아닙니다. 주님의 군대로서 우리 정체성과 그 군대가 하는 일을 고백하는 노래들도 주님을 향한 찬양입니다.

전쟁 찬양의 다섯 번째 목적은 **공동의 적에 맞서 우리를 하나로 연합하는 것**입니다. 중동에서 일어난 걸프 전쟁과 사막의 폭풍 작전 당시 미국의 단결력은 매우 높았습니다. 공동의 목표와 적은 언제나 사람들을 하나로 결집합니다. 우리는 전쟁 찬양을 부르면서 원수를 폭로하며 형제자매에게 칼을 휘두르는 것이 아니라 마귀에게만 휘둘러야 한다는 사실을 깨닫습니다.

미국과 구소련은 서로 대립했지만 제2차 세계대전 당시 나치 독일에 맞서 동맹을 맺었습니다. 공동의 적이 있으면 더 이상 차이는 중요하지 않습니다.

1991년 걸프전 당시 우리는 주로 기독교 국가로 여겨지는 미국이 여러 이슬람 국가와 힘을 합쳐 또 다른 이슬람 국가인 이라크에 맞서 싸우는 모습을 보았습니다. 이런 일이 가능했던 유일한 이유는 "공동의 적" 원칙 때문이었습니다.

교회가 공동의 적이 누구인지 깨달을 때, 더 큰 단결과 승리를 경험할 수 있습니다. 전쟁 찬양은 이러한 단결을 이루는 데 중요한 역할을 합니다.

전쟁 찬양의 여섯 번째 목적은 **공동 전쟁**CORPORATE WARFARE**을 풀어놓는 것**입니다.

이로써 네 믿음의 교제가 우리 가운데 있는 선을 알게 하고 그리스도께 이르도록 역사하느니라 (빌레몬 1:6)

나는 이 구절의 핵심 단어가 '알게 하고'와 '역사하느니라'라고 생각합니다. 영어 성경은 알게 하고를 '인정하다'로, 역사하느니라를 '효력을 발휘하다'로 번역합니다.

성경의 진리를 인정하면 그 진리가 효력을 발생합니다. 이 영적 원리는 구원에도 적용할 수 있습니다. 예수님을 구주로 인정하면 신자의 마음에 구원의 효력이 발생합니다(롬 10:9~10).

우리가 공동으로 주님을 전쟁에 능한 용사로 인정할 때, 하나님의 성품이 우리 삶에 효력을 발휘하여 주님이 우리 안에서 강한 용사로 일어나십니다. 이와 함께 영적 영역에서는 천사들이 "주님의 말씀의 소리"를 듣고 나아가 싸웁니다.

능력이 있어 여호와의 말씀을 행하며 그의 말씀의 소리를 듣는 여호와의 천사들이여 여호와를 송축하라 (시편 103:20)

영적 영역에서 일어나는 전쟁을 인정할 때, 더욱 효과적으로 찬양을 통해 영적 전쟁할 수 있습니다. 우리가 영적 전쟁을 인정하고 받아들일 때 하나님의 능력이 하늘에서 풀어져 견고한 진을 무너뜨리고 악한 권세들을 흩어버립니다.

전쟁 찬양의 마지막 목적은 **성령님이 교회에 하시는 말씀을 노래로 선포하는 것**입니다. 예언적 운동에서 교회는 비유적으로 요단강을 건너 약속의 땅으로 들어갔습니다. 요단강은 우리 뒤로 물러났고 이제는 전진할 일만 남았습니다! 만나가 그쳤기 때문에 이제 젖과 꿀을 얻기 위해 나가서 소의 젖을 짜고 벌통을 채워야 합니다. 지금 전 세계에서 하나님의 감동을 받은 예언 사역자들이 주님의 군대를 향해 일어나 전진하라고 촉구하고 있습니다. 지금은 교회가 전쟁의 무기를 들고 싸워야 할 때입니다.

나는 오늘날 하나님의 영이 선포하시는 말씀을 기록하기로 마음먹었습니다. 하나님은 우리가 주님의 말씀을 노래하기를 원하십니다. 우리가 순종할 때, 교회를 통해 하나님의 능력과 기름 부음이 풀어지고 어둠의 세력이 멸망하는 것을 볼 것입니다.

"교회는 단순히 모여서 교제만 하는 친목 단체가 아닙니다. 교회는 마귀와 악한 세력에 맞서 싸우는 군대입니다."

SILENCING
THE ENEMY
W I T H
P R A I S E

전진하여 점령하라

Advance and Occupy

지금까지 각 장마다 찬양을 어떻게 전쟁의 무기로 사용하는지 보았습니다. 하나님의 영은 우리에게 하나님의 말씀 전체에서 찬양과 경배가 단순한 말과 음악 이상임을 보여주셨습니다. 우리 찬양은 어둠의 세력을 파괴하고 무너뜨리는 능력이 있습니다.

성경에 선포된 내용은 우리를 권면하고 교훈하기 위해 기록되었습니다. 우리는 성경을 읽을 뿐만 아니라 따라서 실천해야 합니다. 하나님은 교회에 강력한 전쟁 무기를 주셨습니다. 그 무기는 우리 입에서 나오는 하나님을 향한 높은 찬양[HIGH PRAISE]입니다.

지금은 교회가 수동적인 태도에서 벗어나 지옥의 권세를 대항하는 전투적인 차원으로 나아가야 할 때입니다. 우리 입술로 하나님을 찬양할 때 하나님이 이미 우리 것이라고 선언하신 것을 취할 수 있습니다. 우리는 우리의 정당한 소유를 약탈한 악한 권세

163

들을 몰아내고 전진하여 약속의 땅을 점령해야 합니다.

우리가 찬양할 때 원수가 잠잠케 되며, 악한 계획을 실행할 힘을 잃고 패배합니다. 주님을 향한 넘치는 예배, 거침없는 예배는 우리 마음과 생각을 괴롭히는 원수에게 고통을 줍니다. 기쁨의 찬양 소리는 어둠의 세력 전체에 엄청난 충격을 줍니다.

우리는 찬양으로 원수 마귀의 머리 위에 하나님의 복수를 집행하며 예수님이 패배시킨 정사와 권세들을 쇠사슬과 철고랑으로 결박합니다(시 149:8). 하나님을 향한 영광스러운 찬양을 통해 전능하신 하나님이 말씀으로 선포하신 심판이 이루어집니다.

우리가 성령의 계시를 받으면 보습(쟁기)이 검으로 바뀝니다. 그러면 우리 찬양은 원수를 대적하여 휘두르는 강력한 검이 됩니다. 우리는 더 이상 목적 없이 예배하지 않으며 찬양에 담긴 권능을 깨달아 예배합니다. 우리는 그리스도의 몸으로서 우리가 누구인지 이해하며 올바른 목적과 강력한 권위를 가지고 노래합니다.

우리가 찬양할 때 전쟁에 능하신 용사가 일어나십니다. 우리가 주님의 크신 이름을 찬양할 때 주님은 우리와 함께 원수와 싸우십니다. 우리가 주님께 기쁨의 함성을 외칠 때 주님의 열정이 원수들을 향해 불처럼 맹렬하게 타오릅니다. 주님의 자녀들에게서 찬양이 터져 나올 때, 주님은 용사처럼 전투의 함성을 크게 외치며 전쟁터로 나가 원수를 심판하십니다.

예수님은 유다 지파의 사자이십니다. 주님의 포효는 지금도 여전히 울려 퍼지는 원수를 향한 승리의 선포입니다. 마귀는 이 땅에서 들리는 찬양 속에 담긴 하나님의 포효 소리를 듣고 두려워합니다. 주님은 유다의 사자의 함성을 통해 승리가 우리 것이라고 선포하십니다.

하나님은 자기 백성의 찬양에 거하신다고 선포하셨습니다. 주님의 임재는 제사장적으로 예배하는 신자의 무리를 통해 나타납니다. 하나님은 말씀으로 자신을 만군의 여호와로 계시하셨습니다. 하나님은 용사들의 주님이십니다. 강한 용사이신 하나님은 우리 찬양에 왕으로 좌정하시어 찬양 중에 우리와 함께, 우리를 위해 싸우십니다.

우리가 하는 모든 찬양의 표현에는 목적이 있습니다. 모든 찬양의 행위는 영적인 영역에 영향을 미칩니다. 모든 행동마다 보이지 않는 영역에 맞게 나타나는 반응이 있습니다. 우리 찬양과 경배는 단순한 소음이 아닙니다.

우리가 승리의 함성을 외칠 때, 하나님이 일어나시고 원수들은 흩어집니다. 사탄의 견고한 진들이 무너집니다. 기쁨의 함성과 함께 터져 나오는 하나님을 향한 높은 찬양이 어둠의 세력을 산산조각 내고 무너뜨립니다.

우리가 시온의 노래를 부르며 전진할 때 원수의 진영이 혼란스러워지고 파괴됩니다. 여호사밧과 유다 백성이 하나님의 자비를 노래하며 행군했을 때, 하나님의 자비는 원수의 멸망으로 나타났습니다. 마찬가지로 우리가 계시를 받아서 노래할 때 하나님은 그 계시를 우리 삶에 나타내십니다.

하나님은 음악의 창조자이시며 악기의 최초 설계자이십니다. 가장 아름다운 천사인 루시퍼는 몸에 악기가 내장된 채로 창조되었습니다. 그러나 교만 때문에 타락했으며 음악은 변질되었습니다. 이제 하늘^{HEAVENLIES}을 기름 부음 받은 음악으로 채우는 책임은 교회의 손에 달려 있습니다. 하나님의 마음에 합한 다윗은 수많은 악기를 제작했습니다. 우리가 주님께 영광 돌리며 주님을 찬양하고 연주할 때, 하나님의 권능의 기름 부음이 풀어져 원수가 공포에 떨며 도망갑니다.

우리가 주님을 찬양할 때 하나님의 음성이 예언으로 풀어집니다. 합당한 찬양의 제사에는 항상 하나님의 응답이 있습니다. 하나님은 우리 예배에 예언의 말씀으로 응답하십니다. 하나님의 음성은 종종 우리를 기뻐하며 부르시는 예언적 노래로 나타납니다. 하나님의 강력한 음성이 들릴 때 원수들은 산산조각 납니다. 예언적인 노래가 터져 나올 때 치유와 해방, 회복이 일어납니다.

지금은 시온의 전쟁 노래를 부를 때입니다. 교회는 축복 속에 가만히 앉아 있으면 안 됩니다. 우리 사명은 어둠의 세력에 맞서 싸우는 것입니다. 우리는 주님을 찬양하도록 부름을 받았습니다. 우리는 마귀를 대적하는 전투적인 태도로 노래해야 합니다. 우리가 강하고 전투적인 전쟁 노래를 부를 때, 하늘의 영역에서 영적 전쟁이 일어납니다. 우리는 서로 권면하여 주 안에서 강하고 담대하게 믿음의 선한 싸움을 싸워야 합니다.

지금은 후퇴할 때가 아니라 전진할 때입니다. 우리는 간신히 버티는 것이 아니라 일어나서 전진하고 점령해야 합니다. 우리는 겨우 살아남은 것이 아니라 일어나 원수에게서 빼앗긴 것을 다시 찾아와야 합니다. 우리는 열방에 하나님 나라를 선포함으로써 어둠의 세력을 정복하며 전진해야 합니다.

우리는 이와 같은 때에 원수를 잠잠케 하도록 하나님 나라의 부르심을 받았습니다. 이제 찬양을 포함한 하나님이 주신 모든 무기를 사용합시다.

"우리 찬양은 어둠의 세력을 파괴하고 무너뜨리는 능력이 있습니다. 우리가 찬양할 때 원수가 잠잠케 되며, 악한 계획을 실행할 힘을 잃고 패배합니다."

로버트 & 스테이시 게이

　　로버트와 스테이시 게이 목사는 1997년 1월 3일 플로리다주 파나마 시티에 신자들을 양육하고, 강한 가정을 세우며, 하나님 나라를 확장하는 비전을 품고 역동적이고 번창하는 교회인 하이 프레이즈 워십센터HIGH PRAISE WORSHIP CENTER를 창립했다. 처음에는 파나마시티의 한 댄스 스튜디오를 빌려 컨퍼런스 강사와 예배 인도로 순회 사역이 많은 로버트 게이 목사의 일정을 고려하여 주일 저녁에만 예배드렸으나 몰려드는 사람들 때문에 그해 4월 더 큰 장소로 옮겼으며 같은 해 8월에는 더 큰 장소로 예배 처소를 옮겼다. 현재는 아버지를 이어 장남 조슈아 게이 목사가 담임하고 있다. 1999년에 일일 라디오 방송을 시작했고 2003년부터는 지역에 실시간으로 주일예배를 방송하고 있다.

저자 소개

로버트 목사는 사역 초기에 인테그리티 호산나 뮤직의 작곡가이자 예배 인도자로 호산나 뮤직 28집 Victor's Crown을 인도했다. 많은 예배 인도자와 교회가 로버트가 작곡한 수많은 노래를 부르고 녹음했다. 예를 들어「오직 예수 다른 이름은 없네No Other Name」,「여호와 이레More Than Enough」,「I Praise Your Majesty」,「나 무릎 꿇고서On Bended Knee」,「우리 주가 전쟁의 용사로Mighty Man of War」 등이 있다. 잘 알려진 CCM 사역자인 비키 위너스와 브루클린 태버너클 콰이어, 레마 싱어스 앤 밴드, 니트로 프레이즈 등 많은 가수가 로버트의 노래를 녹음했다.

로버트와 스테이시는 2016년 6월에 결혼 35주년과 전임 사역 35주년을 기념했으며 로버트와 스테이시의 세 명의 자녀(조슈아, 케일라, 미카)는 모두 결혼하여 주님을 섬기고 있으며 아홉 명의 손주가 있다. 모든 자녀가 사역을 섬기면서 교회 안의 다양한 영역을 감독하고 있다.

현재 로버트와 스테이시는 교회 네트워크인 Integrity Ministerial Alliance를 세우고 감독하고 있다. 이 네트워크는 같은 마음과 비전을 품은 사역자들과 교회를 연결하고 지원하며 자원을 제공하고 격려하고 있다.

 도서 안내

승리의 종말론 / 값 16,000원

주님의 몸 된 교회는 계속해서 주님의 영광을 향해 성장하며
더욱 더 연합되어 이전에 보지 못한 하나님의 권능을 나타내고,
사탄은 결단코 이 세상을 장악하지 못할 것이다.
우리 주 예수 그리스도께서 만주의 주, 만왕의 왕으로서
모든 대적을 그 발아래 굴복시키실 것이다!

더 리셋 / 값 11,500원

-예배의 마음과 온전한 헌신의 삶으로 돌아가라-
"더 리셋"은 주님의 기도의 집이 순수한 예배를 회복하고
다시 한번 주님의 충만한 영광과 경이롭고 놀라운 주님의
마음을 경험하도록 돕는다.

다윗의 세대 / 값 10,000원

다윗의 세대는 마지막 때에 성령님께서 기름부으신 예배자요
영적 용사의 세대이며 여호수아 세대가 시작한 하나님의 일을
완성하는 세대이다. 저자는 8개의 주제를 통해 다윗의 세대의
특징을 효과적으로 설명한다.

예언적 예배의 능력 / 값 9,000원

하나님 앞에 예언적 예배로 나아가려면 성령님과 친밀한 관계를
유지해야 하며, 성령님은 모든 예배마다 독특한 흐름으로 우리를
인도하신다. 성령님의 인도하심과 지휘를 따라갈 때 우리 삶에
하나님의 임재를 통한 성장과 성숙의 축복이 임한다.

지성소 / 값 10,000원

성령님께서 지금 이 시간 그리스도의 거룩한 신부들이 지성소로 들어가도록 부르신다. 하나님께서 가장 높고 은밀한 지성소에서 천국의 사명과 계시, 하나님의 뜻과 거룩한 부르심을 주시고, 이것을 성취할 수 있는 권능을 주신다!

중보적 예배 / 값 13,500원

우리가 예배와 중보기도를 음악과 하나로 모을 때, 이 땅 위에 하나님의 계획과 목적이 더 충만하게 나타날 것이다. 이 책은 깊은 예배와 강력한 기도와 탁월한 음악의 능력이 함께 어우러지도록 돕는다.

참된 예배자의 마음 / 값 8,500원

이 책의 저자 켄트 헨리는 지난 40년간 예배를 인도하고 예배자를 훈련하는 일에 헌신해왔다.
이 책을 통해 참된 예배자의 마음을 더 깊이알고 살아가게 될 것이다.

하나님의 임재를 갈망하는 예배자 / 값 10,000원

샘 힌 목사는 어떻게 예배를 통해 하나님의 임재 안으로 들어갈 수 있는지 친절하게 알려 준다. 예배 가운데 주님게 초점을 맞추고 하나님의 영광과 은혜로 자기 자신을 보기 시작할 때, 당신은 가장 놀라운 변화를 경험하게 될 것이다.

찬양과 영적전쟁 : 찬양으로 원수를 잠잠케 하라

지 은 이 : 로버트 게이
옮 긴 이 : 한성진
표　　지 : 조종민
교　　정 : 김다혜

펴 낸 이 : 한성진
펴 낸 날 : 2024년 12월 16일
펴 낸 곳 : 벧엘북스 BETHEL BOOKS
등　　록 : 2008년 3월 19일 제 25100-2008-000011호
주　　소 : 서울시 강남구 봉은사로 71길 31 한나빌딩 지층

웹사이트 : www.facebook.com/BBOOKS2 또는 벧엘북스로 검색
도서문의 : 010-9897-4969
총　　판 : 비전북 031-907-3927
I S B N : 978-89-94642-43-7 (03230)

SILENCING
THE ENEMY
W I T H
PRAISE